片桐且元

—豊臣家の命運を背負った武将—

長浜市長浜城歴史博物館 編

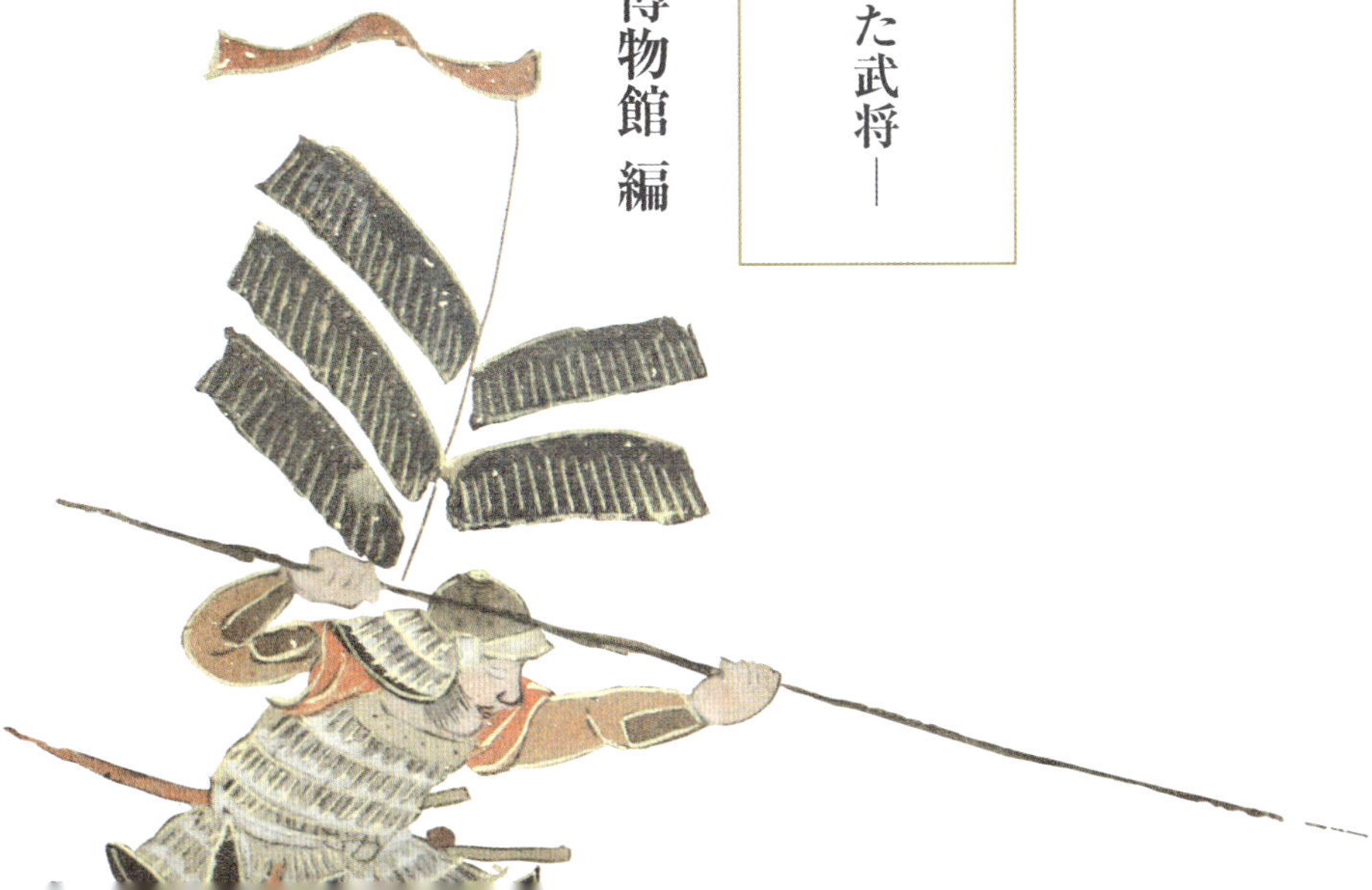

ごあいさつ

「桐一葉落ちて天下の秋を知る」。これは片桐且元《かたぎりかつもと》が、豊臣家滅亡を予感して詠んだ詩と言われています。今年は徳川家康の計略により豊臣家が滅亡して四〇〇年目の節目の年となり、また淀殿や片桐且元・海北《かいほう》友松《ゆうしょう》など湖北ゆかりの人々の没後四〇〇年という記念すべき年でもあります。

長浜城歴史博物館は、長浜市須賀谷《すがたに》町出身の武将、片桐且元（一五五六～一六一五）の没後四〇〇年を記念し、且元の功績や人物像に迫る特別展を開催します。

片桐且元は、秀吉から信頼され、近江衆として武力・行政・技術などの分野で活躍した人物で、賤ヶ岳合戦では「賤ヶ岳七本槍」としても名を馳せ、各地を転戦しました。また、且元は豊臣氏奉行としての側面を持ち、秀吉没後は、各地の諸社寺を修復

しました。

本展では、秀吉に仕え、秀吉亡き後も豊臣家の重臣としてその存続をかけて尽力するも、豊臣家滅亡の要因となった大坂の陣では一転して東軍として豊臣家に対した片桐且元の姿に迫ります。

最後になりましたが、貴重な資料の出陳にご協力を頂いた所蔵者の皆様、また種々ご教示頂いた協力者の皆様に、深甚なる謝意を表します。

平成二十七年七月十六日

長浜市長浜城歴史博物館

館長　太田　浩司

写真：北野天満宮

目次

白鬚神社鳥居

論考

出雲大社

多賀大社

中山寺

凡　例

＊本書は、平成二十七年七月十六日㈭〜八月三十一日㈪まで、長浜市長浜城歴史博物館で開催する特別展「片桐且元—豊臣家の命運を背負った武将—」にともない作成した図録である。

＊図版には、指定記号、列品番号、資料名、所蔵者の順に付した。

＊列品番号の前にある指定記号は、◉…国宝　◎…重要文化財　○…重要美術品　□…県指定文化財　Ⓡ…複製資料（レプリカ）を示す。

＊列品解説には、列品番号、資料名、員数、年代、所蔵者、材質・技法、法量の順に付した。

＊法量はすべてセンチメートルを単位とし、原則、縦×横で示した。

＊本書の構成・執筆は牛谷好伸（長浜城歴史博物館学芸員）が担当した。ただし、列品解説の内、文末にイニシャルがあるものは森岡榮一（M）、福井智英（F）、田中晶子（T）、大竹悦子（O）が担当した。コラム・論考については、執筆者を冒頭に記した。

＊釈文は、常用漢字を使用することを基本とした。

片桐且元

――豊臣家の命運を背負った武将――

I 片桐家のルーツ

須賀谷遠景

片桐且元（一五五六～一六一五）は、弘治二年（一五五六）に片桐直貞の長男として誕生する。世は、群雄割拠の戦国時代である。四年後には次男貞隆が誕生し、彼は生涯にわたって兄である且元を支えることとなる。

片桐家のルーツは、信濃国伊那《いな》郡片桐村（長野県上伊那郡中川村）とされており、為頼の代（且元から見て四代前）に近江国伊香《いか》郡高月村（滋賀県長浜市高月町）に移り住んだとされる。

片桐家が移り住んだ地は、浅井氏が三代にわたって統治しており、且元の父・直貞は浅井長政に仕えた。屋敷は浅井氏の居城である小谷城の麓に位置する須賀谷にあったと言われ、且元もこの地で出生したと考えられている。

また、現在ＪＲ高月駅付近には、片桐塚と呼ばれる場所がある。以前は欅《けやき》がそびえていたが、昭和五十年（一九七五）に枯死し、現在は「片桐氏歴代塋域」、「片桐東市正且元首塚」と彫られた石碑が建つ。この場所も彼の出生地と伝えられている。

浅井長政からの感状［元亀四年（一五七三）八月二十九日付孫右衛門（直貞）宛］が残っている。この書状は、浅井長政が織田信長と争った際の感状である。世は「天正」であったが、あえて「元亀」の年号を用いることで信長に対抗し、さらに密書的な小型の感状に長政が自刃《じじん》直前の差し迫った状況を伝えている。

浅井氏は信長に対抗するも、天正元年（一五七三）、信長の小谷城総攻撃を受け、ついに落城。長政は自刃する。この時、長政の妻・お市と三姉妹（茶々、初、江）が脱出している。三姉妹には、のちに秀吉の妻（側室）となり、大坂の陣において且元と敵対することとなる淀殿（茶々）がいる。

且元の呼び名であるが、秀吉に仕えたころは「助作《すけさく》」と呼ばれており、小牧長久手陣立書にもその名が残る。また、天正十三年（一五八五）に「従五位下《じゅごいのげ》 東市正《ひがしのいちのかみ》」に

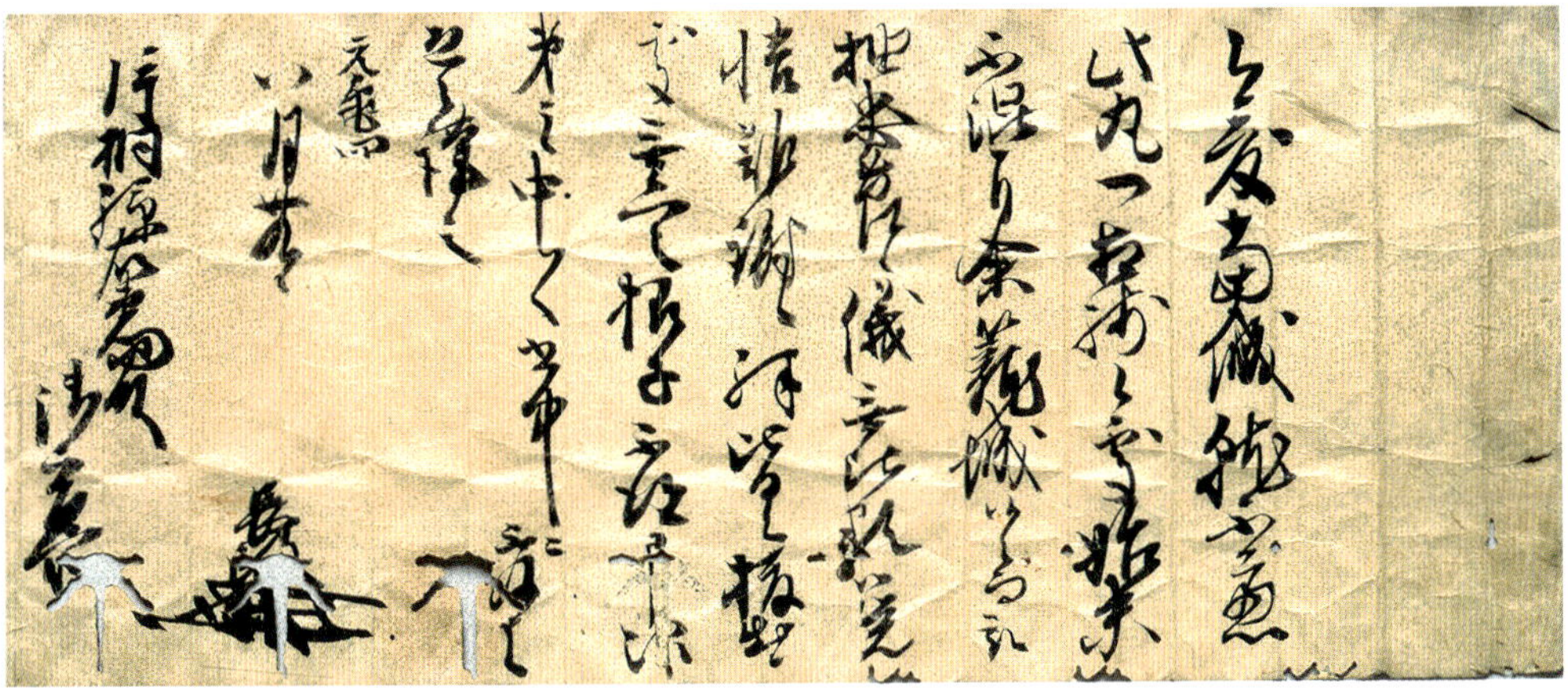

浅井長政書状　石川武美記念図書館（旧お茶の水図書館）成簣堂文庫蔵　法量 9.8㎝ × 23.3㎝

浅井長政書状

今度当城就不慮
此丸一相残候処、始末
不混自余籠城候二而被
抽忠節候儀、無比類御覚
悟難謝候、珠皆々抜出る候
処、無心之様子不得□□
第之申し候、書中二不及ぶ候、
恐々謹言
　元亀四
八月廿九日　　長政（花押）
片桐孫右衛門尉
　　御宿処

任じられた際には「直盛」、その後の小田原合戦では「直倫」と名乗っていたようである。「且元」と名乗ったのは関ヶ原合戦前後と言われている。

　且元の兄弟には、弟・貞隆の他に、妹がいる。この妹を妻とした大音《おおと》市左衛門尉孝則は片桐家を名乗り、直貞が屋敷を構えた須賀谷村（長浜市須賀谷町）に代々居住し続けた。貞隆と大音市左衛門尉孝則との文書も残り（列品番号63・64）、当地を離れた貞隆の故郷に残る孝則に対する心配りを感じることができる。

片桐且元屋敷跡の碑

1　片桐且元像　慈光院蔵

この画像は、片桐且元の弟である片桐貞隆を祖とする大和小泉藩主片桐家の菩提寺慈光院に伝わったもの。冠を被り直衣姿で右手に扇を持ち、左腰には太刀を佩く。

箱の蓋裏書には、片桐且元十三回忌にあたる寛永四年（一六二七）五月二十八日に作られたことが記され、画像の裏書からは天明三年（一七八三）に修復されたことがわかる。本像が伝わる慈光院は、臨済宗大徳寺派の寺院で寛文三年（一六六三）片桐貞昌が大徳寺百八十五世玉舟宗璠を開山に迎えた寺院。境内は茶席の風情になるよう設計されており、また、庭園は周囲の風景や景観と調和するように構成され国の史跡および名勝に指定されている。山門は、片桐貞昌（石州）出生地の茨木城楼門が移築されている。

Ⓡ2　**片桐且元像**　原本：玉林院蔵

本像は、大徳寺玉林院に伝わったもの。冠姿で赤の直衣をまとい、右手に扇を持ち、左手は服の中にある。また、白の指貫の下には足を覗かせない。顔のしわが豊臣家存続をかけ、徳川方との調整を担った苦労を物語る。画面上部に大徳寺月岑宗印による慶長二十年（一六一五）五月二十八日の讃があり、亡くなる前後に描かれたと考えられる。在りし日の且元の姿を偲ぶことができる貴重な画像である。

○3　豊臣秀吉像　豊國神社蔵

唐冠を被り、白い直衣を着け緑の指貫を履き、右手に笏を持ち、沓を前に揃えて曲彔に坐す秀吉像である。左脇に長大な野太刀を立て掛けている。容貌は、大阪城天守閣本（狩野光信画）や大阪府太子町の叡福寺本に酷似する。画面上部に「豊国大明神　秀頼書」と豊臣秀頼が自筆で神号を認めている。その向かって左には、秀吉自筆の和歌草稿が貼り付けてあるが、これは辞世和歌の草稿と推定されている。片桐且元の弟貞隆の子孫大和小泉藩主片桐家に伝来したもの。狩野山楽筆と伝えている。（M）

4　**豊臣秀吉像**　吉川史料館蔵

この画像は、斜め右を向き、唐冠・直衣を着け指貫を穿き、右手に笏を持って繧繝縁の上畳に坐す。画面全体に剥落が激しく、上畳の繧繝縁には、「えんし」「こん」「しゅ」などの色指定の墨書が見えている。宇和島伊達家本と高台寺本の秀吉像と同系統の容貌・像姿で描かれたものである。しかし他の像と比較すると、上部に垂幕が下がり、御簾や軒先が表現され、前部に勾欄と階があるなどの神殿の描写がまったくない秀吉像として注目される。この像と同種の秀吉像は、大阪市立美術館本（慶長5年〈1600〉6月惟杏永哲讃）しかない。本像の場合は、未完成で、豊臣家から徳川家への政権移動によって製作が中止されたという説もある。（M）

5　**豊臣秀吉画像**　多賀大社蔵

本像は、唐冠を被り、白の直衣と白色家紋を散らした紫色の指貫を着用し、繧繝縁の上畳上に、向かって斜め左を向いて座している。上部に御簾を引き上げ、左右には幕を絞り上げ、前面には高欄が描かれていることから、「豊国大明神」として神格化された姿を描く。背後に老松の障壁画が見え、左腰には太刀を佩く。昭和11年（1936）修理の際に軸木から墨書が発見された。この墨書から、慶長10年（1605）２月、堺の表具屋奈良屋が、大坂城の「宮内卿」からの注文で本像の表具を行ったことがわかる。また『多賀観音院古記録』（慶長十八年奥記）に、慶長11年６月に豊臣秀頼が本堂・坊舎再建の折に秀吉像を奉納したと記載がある。つまり本像は、豊臣家によって作画・表具された後に、多賀大社に奉納された貴重な画像であることがわかる。画像の表具依頼をした「宮内卿」は、秀頼の乳母である。秀頼成人後は、侍女として仕え重用された。大坂城落城時に秀頼・淀殿とともに自害する。その子息は、木村長門守重成である。画面の損傷は激しいが、近年復元模写像が作成され、往時を推定できるようになった。（M）

6　小谷城出土資料　長浜市教育員会保管

片桐且元の父直貞が仕えた浅井長政の居城小谷城から出土した土師器《はじき》皿。土師器皿は、轆轤《ろくろ》を使用せず素焼きで仕上げた焼き物で、酒などをいれる食器として使用する。当資料は、小谷城の中でも大広間と呼ばれる場所から発掘調査により出土している。浅井家が饗宴を催していたことを物語る資料である。

Ⅱ　賤ヶ岳合戦

賤ヶ岳合戦古戦場

　天正十年（一五八二）六月二日、明智光秀の謀反により織田信長はこの世を去る。これにより天下統一に向って動いていた歴史の流れが大きく渦巻くことになる。この濁流にうまく乗ったのが羽柴秀吉であった。秀吉は、中国地方の毛利氏攻めから大返しと呼ばれる素早い動きで明智光秀を山崎の戦い（六月十三日）で討ち、清洲会議（六月二十七日）で織田軍団の主導権を握るのである。

　信長亡き後の後継者争いにおいて、一歩前に出ることになった秀吉であったが、古参の武将柴田勝家とは確執が生じることになる。この確執は、二人だけのことではなく、信長家臣団をも巻き込み二派に分かれていくのである。秀吉方には、三法師（信長嫡孫）・織田信雄（信長二男）・丹羽長秀・池田恒興、対する勝家方には織田信孝（信長三男）・滝川一益・前田利家がついたのである。そして、天正十一年（一五八三）四月二十日・二十一日両者の雌雄を決した合戦が起こる。世にいう賤ヶ岳合戦である。

　賤ヶ岳合戦を仕掛けたのは秀吉であった。まず、清洲会議により柴田方に譲った長浜城（十二月十五日頃）を攻め落とし、二十日には岐阜城の織田信孝を降伏させた。さらに翌年二月には滝川一益を討つため北伊勢へ進軍する。この状況の中、越前にいた柴田勝家は雪をかき分け二月九日に柳ヶ瀬（長浜市余呉町柳ヶ瀬）に着陣。勝家の動きを知った秀吉は三月十二日に長浜、十七日には前線に赴くのであった。

　賤ヶ岳合戦は、一ヶ月以上に及ぶことになる羽柴秀吉と柴田勝家のにらみ合いであった。そのため、舞台となった余呉湖周辺には数多くの陣城が築かれた。両軍合わせて十六ヶ所以上の陣城（砦）が築かれ、柴田勝家が着陣した玄蕃尾《げんばお》城は現在国史跡となっている。

　合戦において、柴田勝家方の佐久間盛政は、大岩山砦に陣を構えていた中川清秀に奇襲をかけ討ち取る。しかし、佐久間盛政

玄蕃尾城跡

大岩山砦中川清秀墓所

軍を秀吉の小姓たちが先頭となって突き崩し、柴田勝家のいる本陣まで突破していったという。

このとき活躍した小姓が片桐且元、福島市松（正則）、脇坂甚内（安治）、加藤孫六（嘉明）、加藤虎之助（清正）、平野権平（長泰）、賀須屋助右衛門尉（武則）、桜井佐吉、石河兵助の九人であった。しかし、石河は合戦で戦死し、桜井が合戦の負傷により天正十四年（一五八六）に病死している。九人の内、残った七人が「賤ヶ岳七本槍」として後世に伝えられていくのである。

賤ヶ岳合戦に勝利した秀吉は、天下人への階段を登っていく訳であるが、この合戦で活躍した小姓達にも十分な褒美を与えた。中でも福島正則は別格で、五千石を宛がわれ、且元や他の小姓達は、三千石を宛がわれた。秀吉に仕えて九年、二十八歳の且元の未来は明るいものであった。

表　裏

7　**大身槍（平三角槍）　銘助光**　本館蔵（松平千鶴氏寄贈）

七本槍の一人糟谷武則が用いたと伝えられる。伝来した松平家の家伝では、槽谷家に嫁入った娘が、家断絶の折に実家に持ち帰ったものという。

造りは平三角で裏には食い違い樋を掻き、茎に「助光」の銘を切る。蒲生郡の石塔鍛冶が作刀したものである。昭和20年（1945）進駐軍「刀狩り」の時に身を折ろうとしたので、身が変形している。

（右隻）

（左隻）

（片桐且元部分拡大）

8　賤ヶ岳合戦図屏風　佐久市教育委員会蔵

天正11年（1583）、羽柴秀吉と柴田勝家が北近江の地で信長亡き後の覇権を争った賤ヶ岳合戦の様子を描いた屏風。「賤ヶ岳合戦図屏風」は今日まで多く伝わっており、これらは大別して、大阪城天守閣所蔵本、田中家旧蔵本、岐阜市歴史博物館の三系統が存在する。本作は、大阪城天守閣本の系統をひくもの。

右隻は４月21日の合戦の様子で、画面右には勝家方・佐久間盛政軍、左には秀吉軍を配し、中央には両軍が衝突する様を「賤ヶ岳七本槍」を中心にして描く。左隻にはその前日・20日、佐久間盛政軍が秀吉方の大岩山・岩崎山の両砦を襲撃し、秀吉方・中川清秀が死守する様子を描く。構図のほか、城砦を高い石垣に漆喰の城壁をもつ近世城郭の姿で描く点など、大阪城天守閣本を忠実に継承している。旧佐藤博物館蔵本。（O）

10 **浅井長政夫人像** 滋賀県立安土城考古博物館蔵

9 浅井長政像 滋賀県立安土城考古博物館蔵

長政像は侍烏帽子に三盛二重亀甲花菱の家紋をつけた大紋直垂を着け、右手に扇を持ち、左腰に合口拵の脇指を指して繧繝縁の上畳に左を向いて坐す。夫人像は、やや右方を向き、白地に菊桐紋を散らした小袖を着用し、腰には紅地の立涌を地紋に丸文の打掛をまとい、右手に経巻を捧げ、左手は袖口に隠して慎ましやかに上畳に坐す。能面のような無表情さは、美貌の麗人として理想化されたためであろう。両像ともに高野山持明院本の模本で、紙に描かれた以外はほぼ忠実に写されている。（M）

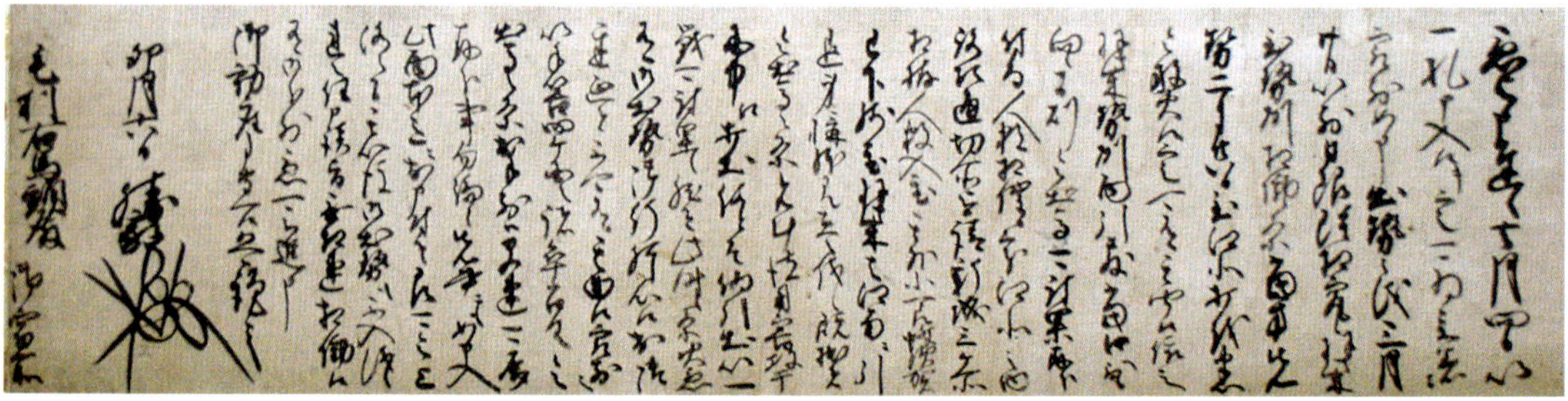

11　柴田勝家書状　毛利輝元宛　岩国美術館蔵

賤ヶ岳合戦の15日前に、北近江の玄蕃尾城に在陣中の柴田勝家が毛利輝元に送った書状。秀吉が滝川一益討伐のため北伊勢に出陣したことや、柴田軍の先陣・佐久間盛政等が、２月28日に北近江に侵攻し放火したこと、これによって秀吉軍が伊勢から撤退し、通路を遮断するため新城３ヶ所を築いていること等を報じている。秀吉は前線に、小一郎秀長・蜂須賀家政等を残し、本人は南近江にいるという。目前に迫った決戦を前に、輝元に出陣を要請したもの。勝家は、将軍足利義昭を推戴して、毛利氏を動かして秀吉の背後を脅かそうと目論んだのである。この書状も、義昭の上洛（御動座）を名目とするものであったが、ついに毛利氏は出兵することはなく、勝家も敗退するのである。（M）

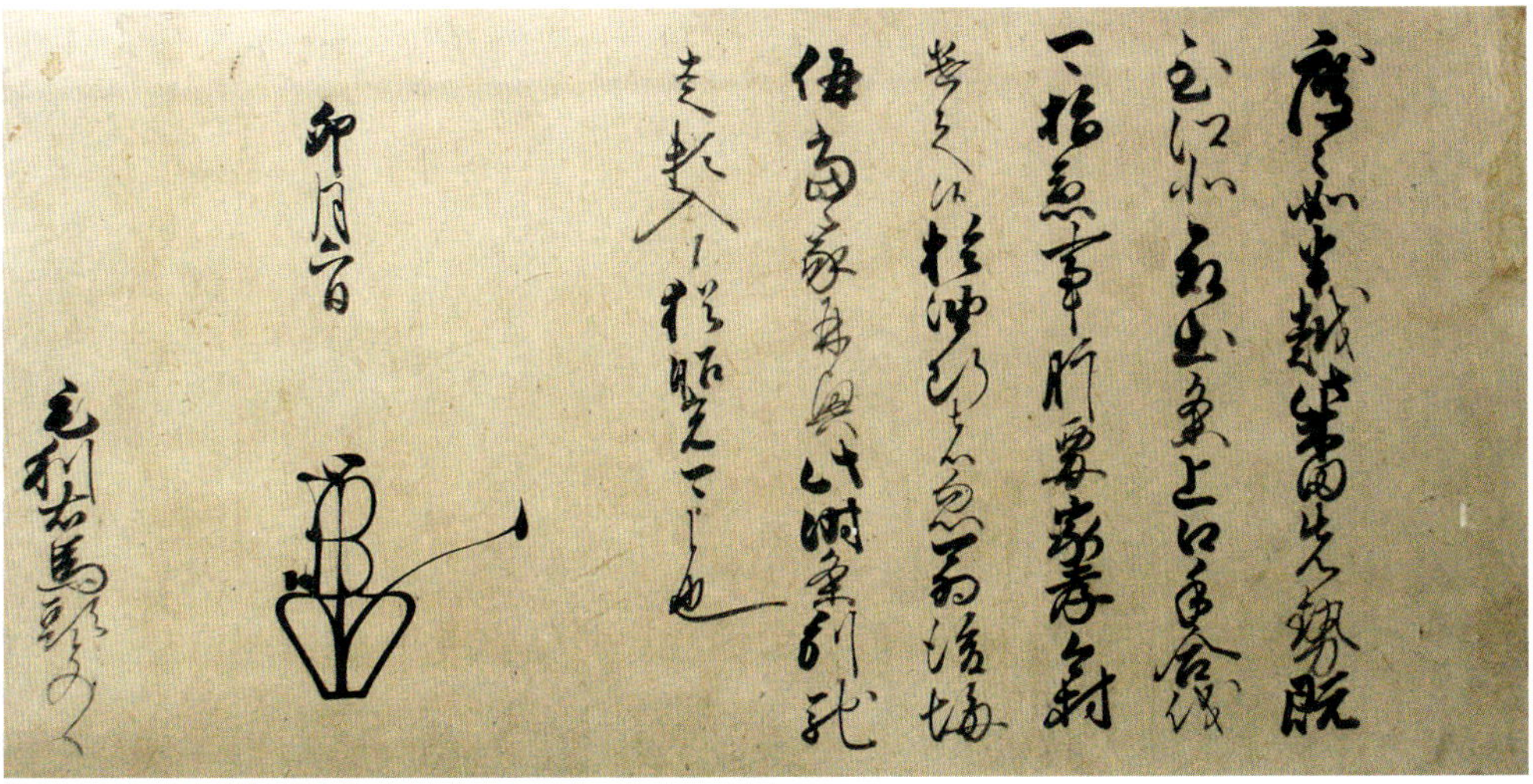

12　足利義昭御内書　毛利輝元宛　岩国美術館蔵

この文書は、天正11年（1583）４月21日の賤ヶ岳合戦直前の４月６日に足利義昭が毛利輝元に送ったもの。室町幕府最後の15代将軍足利義昭（1538～97）は、元亀４年（1573）４月山城槇島城（京都府宇治市）に挙兵し一旦講話、７月１日再度挙兵して信長と戦うが、18日に降伏して顕如の斡旋で三好義継の河内国若江城（東大阪市）に退いた。その後紀伊国日高郡由良の興国寺を経て、毛利氏を頼り備後国沼隈郡鞆（広島県福山市）に落ち着いた。幕府再興を目標に、信長包囲網の完成を目指して、毛利氏以外に甲斐の武田・越後の上杉・大坂本願寺等と連携した。しかし武田信玄・上杉謙信の死去、毛利氏の退潮、本願寺の講和・石山退去、武田氏の滅亡などで万事休した。織田信長が本能寺の変で倒れると義昭は柴田勝家と結び毛利氏に奔走を命じた。

この御内書は、輝元に賤ヶ岳合戦への参陣を促したものである。柴田軍の先発隊が北近江の砦まで侵出していることを報じ、協力しなければ後々後悔することになる。将軍家再興は今この時であるので、尽力してほしいと伝えている。（M）

Ⅲ 秀吉の奉行として

合戦への参加

天正元年（一五七三）片桐且元が十七歳の時、小谷城は落城し片桐家の主君である浅井氏は滅びた。新たに北近江に入国した羽柴秀吉は、北近江の一職支配を信長から与えられる。しかし、すべての支配権を与えられたのではなく、限定されたものであったと考えられている。そういった中でも、秀吉は当地で多くの人材を見出した。後に五奉行となる石田三成を筆頭に、且元もその中の一人であった。

賤ヶ岳合戦（天正十一年〈一五八三〉）で栄光をつかんだ且元は秀吉に従い、天正十二年（一五八四）に織田信雄・徳川家康と戦うため小牧長久手の合戦に参加することになる。陣立書によると且元は、豊臣秀吉の馬《うま》廻衆《まわりしゅう》として、後備として出陣していた。馬廻衆は、秀吉の警護にあたる親衛軍的な存在で、且元同様、賤ヶ岳合戦で活躍した福島正則や加藤清正たちも備えていた。合戦の結果、秀吉側に多数の死者が出るなど、現地においては家康側が勝利しているが、政治的には秀吉の勝利と言えよう。

天正十五年（一五八七）の九州出兵においては、秀吉の先陣として常に前を進み、宿泊の管理や道路の確保に奔走した。また、北条氏を討つため挙兵した小田原合戦（天正十八年〈一五九〇〉）においても、秀吉の馬廻衆として百五十騎を率いて備える。また、箱根の村に「定」を出し、秀吉禁制とともに奉行人として戦場となる地域の安全保障に関わり、鎌倉の鶴岡八幡宮においては早川長政とともに鎌倉周辺の人々に鶴岡八幡宮修復に伴う茅葺きのため用材と人足を提供するよう命じている。そして小牧長久手の戦い後の天正十三年（一五八五）十月六日に官位を授かり「従五位下東市正」となるのである。

しかし、小田原合戦において石田三成は千五百騎、福島正則が千九百騎で備えるなど同世代の武将に大きく水をあけられたのも事実であった。

文禄四年（一五九五）七月、秀吉が養子である関白秀次に対する不信から、秀次一族を抹殺するという事件が起きる。この年の八月十七日、且元は摂津茨木城主として五千八百石の加増を受ける。この加増は、十二年の年月が経過している賤ヶ岳合戦における追賞であった。それまで知行していた四千二百石と合わせて一万石の領主となったのである。四十歳にしてようやく城持ち大名となった。

検地

且元の奉行としての仕事の一つに、検地が挙げられる。秀吉が全国規模で実施した検地は太閤検地と呼ばれ、六尺三寸＝一間《けん》の検地棹を用い、一間四方を一歩《ぶ》、三百歩＝十畝《せ》を一段、十段＝一町として丈量した。また、種々の生産条件を考慮し、上田＝一石《こく》五斗《と》、中田＝一石三斗、下田＝一石一斗、上畠＝一石二斗、中畠＝一石、下畠

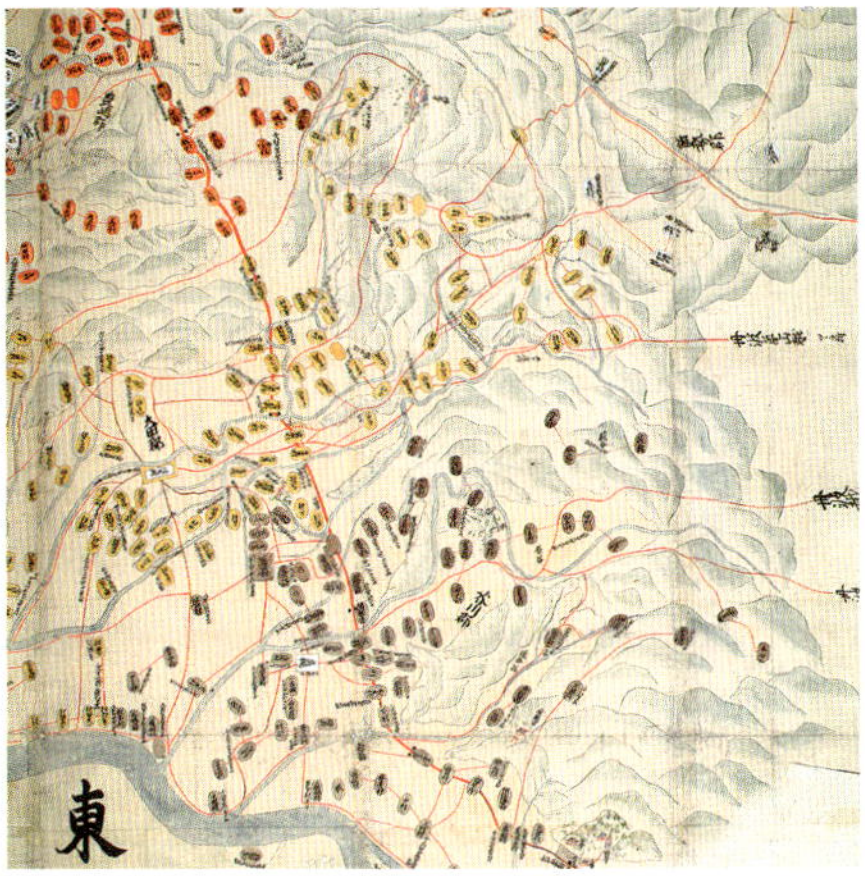

摂津国絵図　茨木城付近拡大図

茨木神社東門

＝八斗とし、京枡の採用により量制の統一を図った。

　且元は、摂津国において文禄三年（一五九四）九月～十月に検地奉行をしており、播磨国境から千里川中流の村々を担当している。また、河内国においては、若江《わかえ》郡や茨田《まった》郡の村々を担当した。天正十五年（一五八七）九月から十月にかけては、丹波の氷上《ひかみ》郡や多紀《たき》郡で検地奉行を行っている。一般に太閤検地は、一反＝三百歩や地位別斗代が設定された方式が用いられているが、同じ郡内でも一反＝三百六十歩などの慣行が残っている場所もあり、統一的な基準でなされたわけではなかったようである。

　関ヶ原の合戦後の慶長七年（一六〇二）、近江一国で大規模な検地が行われている。近江は東国の武将からすれば在京賄料を算出できる場所であり、石田三成の所領も存在した地域であった。関ヶ原の合戦に勝利した家康としては掌握したい場所の一つであろう。戦後処理ともいうべき検地が家康主導で行われるが、独自で検地を行うことは難しく、豊臣系の武将である且元が関与していくのである。且元は小堀新介と同様に高島・伊香・栗太《くりた》・滋賀郡の近江北部を担当した。且元にとっては、故郷に近い慣れ親しんだ場所であった。

国絵図の作成

　慶長九年（一六〇四）八月二十六日、徳川家康は領地高と年貢である物成高を記した郷帳と領地の絵図の提出を全国の領主に命じた。かつて、秀吉も太閤検地の結果をもって朝廷へ報告する名目で半年間の期限をもって御前帳・国絵図の提出を求めている。徳川家康は、個別領主である大名と主従関係を結ぶため、より詳しい領有状況を知る必要があった。

　しかし、作成するにあたって複数の領主が一国を領有する場合は、それぞれの領主で調整が必要になる。中小の大名や社寺領が混在する地域は調整が難航する。この役を担ったのが国奉行であり、もちろん且元も国奉行として動いた。

　且元が郷帳や国絵図の作成に関わったことがわかるのは、摂津・和泉・小豆島である。摂津国絵図（列品番号20）は豊臣秀頼の家臣伏屋と水原の二名が中心となって作成し、且元は総指揮をとる立場にあった。末尾に「慶長十年九月日、片桐東市正、これを改む」との奥書があるが、且元の奉行としての仕事をみることができる。

瓦

唐津焼　1口

明かり障子　1枚

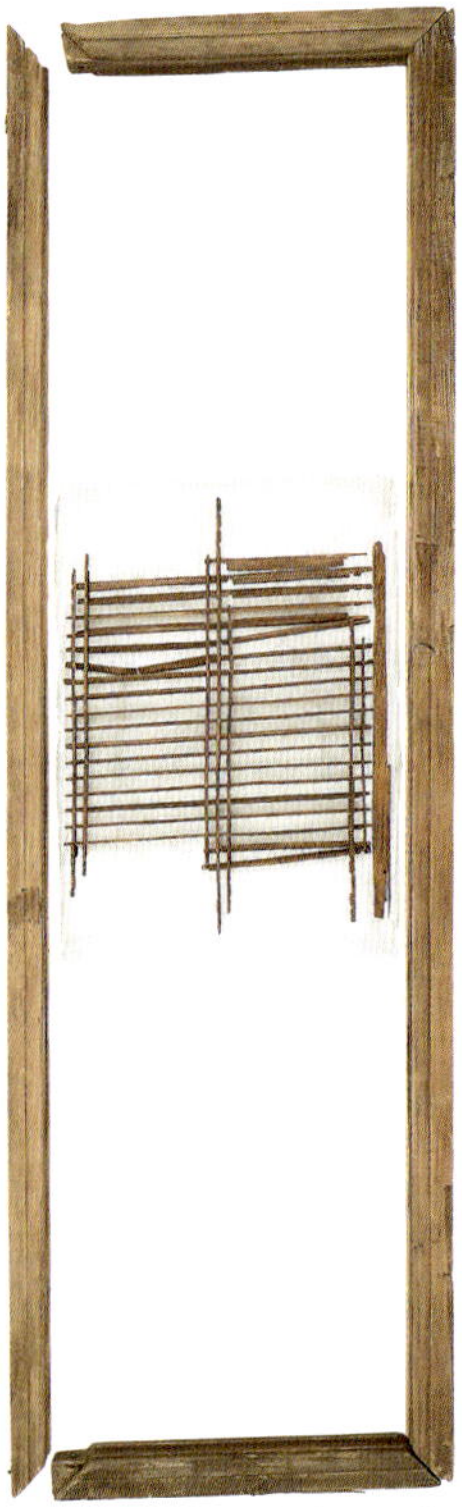
おさ欄間　1枚

13　茨木遺跡出土資料　茨木市立文化財資料館蔵

片桐且元は文禄４年（1595）に5800石を加増され茨木城主となった。茨木城は、賤ヶ岳合戦で悲劇の武将となった中川清秀の居城でもあった。一国一城令により廃城となり、現在は地上に痕跡を留めていない。しかし茨木神社の門が茨木城の搦手門と伝わるなど数例の遺構が存在する。茨木城の縄張りとなるとさらに不明な点が多いが、平成18年（2006）の発掘調査で城の堀と考えられる場所から建物の建具が出土している。建具自体が発掘調査で出土するのは非常に珍しく、さらにそれが構造の解明されていない茨木城関係のものとなると非常に貴重な発見である。

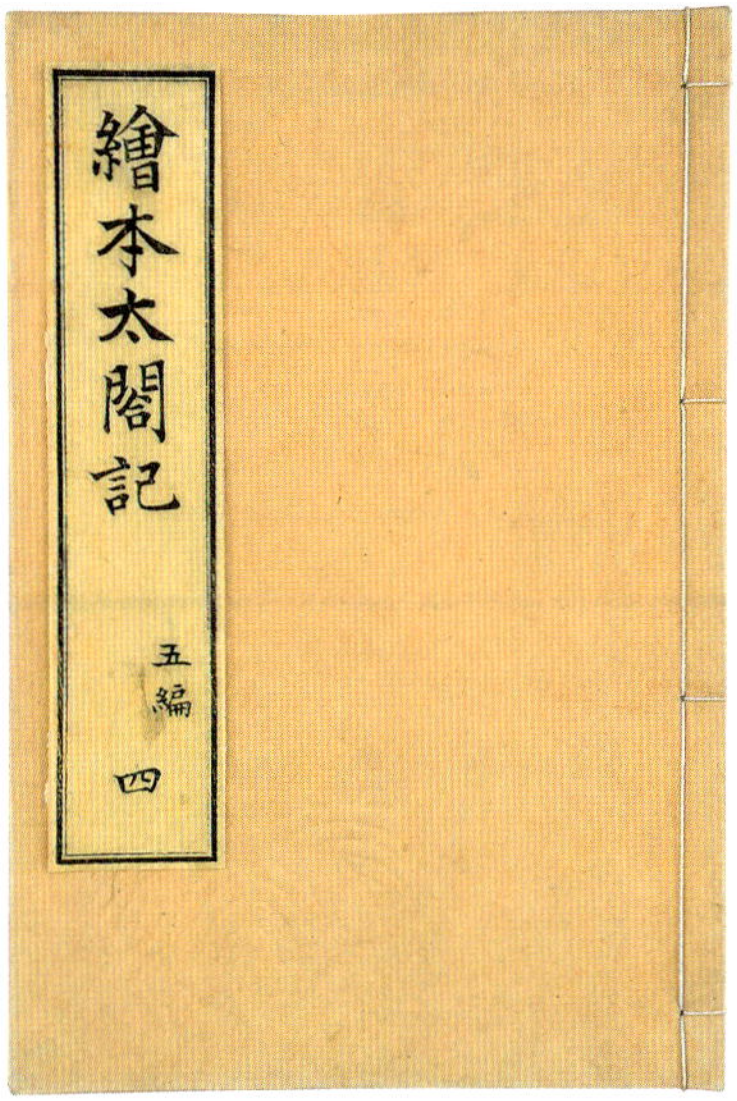

14　絵本太閤記　本館蔵

豊臣秀吉(1536～1598)の一代記。七編八十四巻から成る。秀吉の百回忌にあたる元禄11年(1698)に刊行された『絵入太閤記』(全７巻)についで、秀吉二百回忌に出版された。簡潔な文章に多くの挿絵が入る。ここで語られるのはおよそ史実とは言いがたい。特に、ほとんど記録に残らない30歳までの秀吉の人生は寓話満載に紹介されている。百姓の子に生まれ、戦国の世を生き抜き、やがて天下人へとのし上がった秀吉の出世譚は、江戸の庶民に夢を与え、好評を博した。本書の影響を受け、錦絵や浄瑠璃、歌舞伎などが次々と登場するなど、太閤記物は絶大な人気を誇ったが、享保７年(1722)、幕府の出版取締令により本書を含め太閤記物の一切が摘発の対象となった。(O)

（左隻）

（右隻）

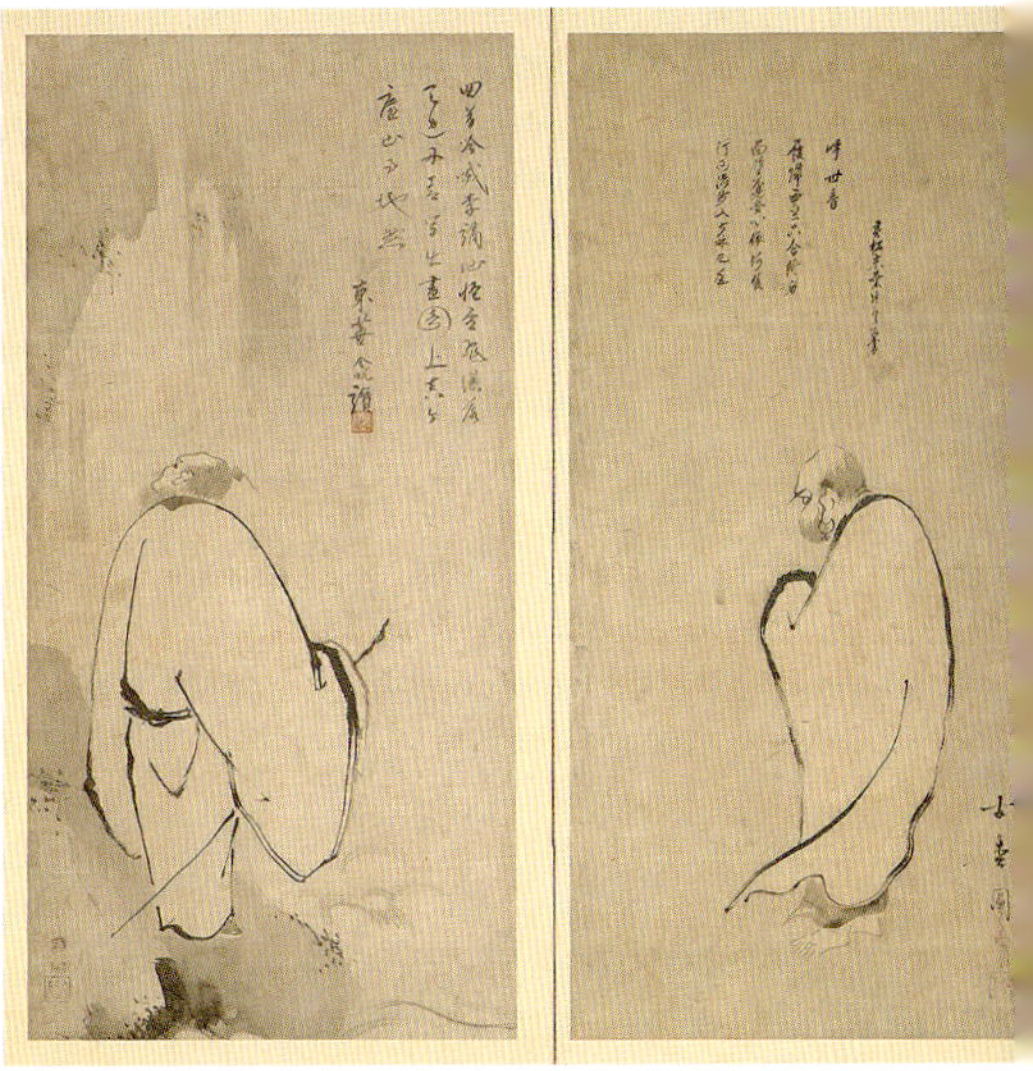

15　**人物花鳥図屏風**　大津市歴史博物館蔵

海北友松最晩年期の作。海北友松は、近江出身で京都に出て狩野派や宗元水墨画などを学び減筆体に長じた。長谷川等伯らと並ぶ大家で、友松の子孫とその一派は海北派と呼ばれる。この人物花鳥図は、近年になって発見された押絵貼屏風。画題は達磨《だるま》・李白観瀑《りはくかんばく》・雪中騎驢《せっちゅうきろ》・敗荷小禽《はいかしょうきん》・黄山谷愛蘭《こうさんこくあいらん》・牧童吹笛《ぼくどうすいてき》・柳鷺《りゅうろ》・蘆鷺《ろろ》・琴棋書画《きんきしょが》。

コラム

湖北が生んだ巨匠　海北友松

大竹悦子

桃山時代の湖北は、羽柴（豊臣）秀吉ら群雄たちが割拠し、その覇権を争う舞台であった。秀吉が開き、発展させた湖北は、次の時代への架け橋となる片桐且元・石田三成を生んだが、芸術の世界においてもまた優れた才を持つ絵師を輩出した。海北友松《かいほうゆうしょう》はその一人である。

海北友松（一五三三～一六一五）は、狩野永徳（一五四三～一五九〇）・長谷川等伯（一五三九～一六一〇）らと並び桃山美術の巨匠として知られている。友松については、現存する作品のほとんどが最晩年のもので、その前半生については不明な部分が多い。しかし、子・海北友雪が描いた友松夫妻の肖像画《海北友松夫婦像》（以下、《夫婦像》）に記された孫・友竹による賛文、同じく友竹の著『海北家由緒記』（以下、『由緒記』）など海北家に伝来した資料によって、その生涯を辿ることができる。自家の正統性を主張する江戸時代の先祖書の性格を考慮すると、誇張もありすべてを事実として受け取れないが、これらの友松伝は友松の人柄や交流関係をうかがうことのできる貴重な資料である。本稿ではこれらの資料を参照しながら、友松の生涯を追っていきたい。

友松は天文二年（一五三三）近江に生まれた。名は紹益、字を友松と言う。出生地について、『由緒記』は坂田郡とし、《夫婦像》は同じく坂田郡大原庄の生まれで海北家は地頭・大原重綱の末裔であると伝える。しかし、地元には海北家の館跡などはなく、海北家にまつわる伝承も残っていないようである。一方で、こちらも江戸時代のものではあるが、地誌『淡海木《おうみこ》間攫《まざらえ》』（寛政四年〈一七九二〉刊）や佐々木氏家臣を一覧にした『江州佐々木南北諸士帳』（宝暦三年〈一七五三〉刊）には、浅井郡瓜生《うりゅう》（長浜市瓜生町）に友松の父である「海北善衛門綱親」が居住していた記録がある。さらに、『近江輿地志略』（享保八年〈一七二三〉刊）には瓜生の集落に「海北家館跡」があると記されている。館跡の場所は不明であるが、瓜生では、同地にある珀清寺《はくしょうじ》がそれであるとか、また同寺は友松の末裔であると伝わっている。先祖書である『由緒記』と《夫婦像》の言う大原は、由緒ある佐々木源氏嫡流の家であることを考慮すると、友松の出生地は浅井郡瓜生との説が有力だろう。

さて、友松の生涯に話を進めると、父・綱親は、『浅井三代記』に浅井亮政の時代から名が見える浅井氏の家臣であった。友松はその三男（《夫婦像》には五男とある）で、父と兄は天正元年（一五七三）の織田信長による小谷落城によって、主君と運命をともにしたという。友松は幼年より京都の東福寺に修行に出ており、この時も京都にいたため一人難を逃れた。なお、『嶋記録』では、父は小谷落城以前に戦死している。いずれにせよ友松は、京都の地で故郷の一族を一度に失うことになった。友松四十一歳の頃である。

友松は幼年より東福寺に喝《かつ》食《しき》として和尚に随従していた。ここで和尚に画才を見いだされ、当時の狩野派の当主・狩野元信（一四七六～一

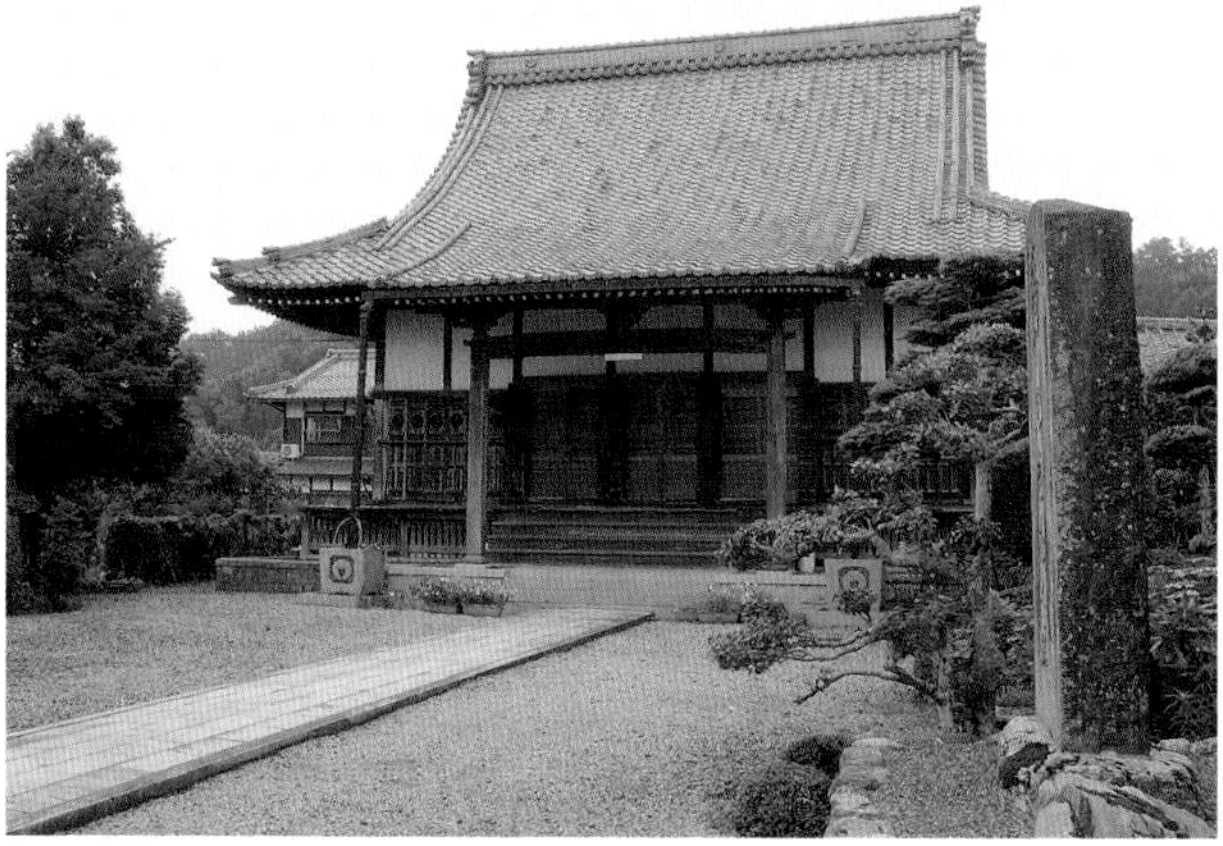

海北友松の末裔と伝わる珀清寺

五五九）に入門したという。東福寺滞在期間は不明であるが、元信は永禄二年（一五五九）に没しているため、友松は永禄二年の二十七歳までには東福寺を出て、元信の下で画技を磨いたのだろう。両伝記が伝える友松の生涯はここまでで、その後の友松についてはわかっていない。次に友松の事績がわかるのは、実際の友松の作品であり、友松六十七歳の作、京都・建仁寺の障壁画である。建仁寺は、日本に臨済宗を伝えた栄西が拓いた京都最古の禅寺である。度重なる災害や兵火で多くの堂舎を失っていたが、天正十四年（一五八六）に秀吉が寺領を寄進したことで、再興の兆しをみせていた。その後、慶長四年（一五九九）、安国寺恵瓊《えけい》によって本格的に再興される。この時、障壁画の制作を任されたのが友松である。当時、友松は六十七歳の高齢であるが、これが現在伝わる友松の最初期の作品となる。この頃の作品としてほかに、友松の出生地に近い長浜市木之本町にある浄信寺所蔵の《東王父・西王母図》がある。落款はないが、人物の表現や、後の友松画にあらわれる「袋人物」の特徴もわずかに認められる。慶長七年（一六〇二）には秀吉の家臣・亀井茲矩《これのり》の依頼で制作した《飲中八仙図屏風》（京都国立博物館蔵）がある。また、同年十一月の年記がある《山水図屏風》（東京国立博物館蔵）は、八条宮（のち桂宮）智仁との交友を示すもので、この時期の友松が寺院だけでなく武家や宮家とのつながりをもっていたことがわかる。最晩年の作品の一つに、《人物花鳥図屏風》（大津市歴史博物館蔵、列品番号15）がある。これは人物、花鳥画の押絵貼で、友松の袋人物と軽妙な筆遣いを感じることのできる作品である。

　寺院や武家、宮家と幅広く作品を残し、桃山画檀に欠かすことのできない存在となった友松であるが、《夫婦像》は、晩年の友松の驚くべき言葉を記録している。すなわち、「誤って芸家に落つ、願わくは時運に乗じて武門を起こし、父祖の志を続け、もって子孫に伝えん」と。浅井氏家臣の家に生まれ、戦国の混乱に巻き込まれた友松であるが、武家の子である誇りを忘れず絵筆を揮っていたのである。武門再興の友松の夢は叶わなかったが、明治時代まで、絵師としての海北家は続いた。現在伝わる友松画に見られる鋭い筆線や力強い水墨表現は、武家の子に生まれながら絵筆を振るい続けた友松の人生を感じとることができる。

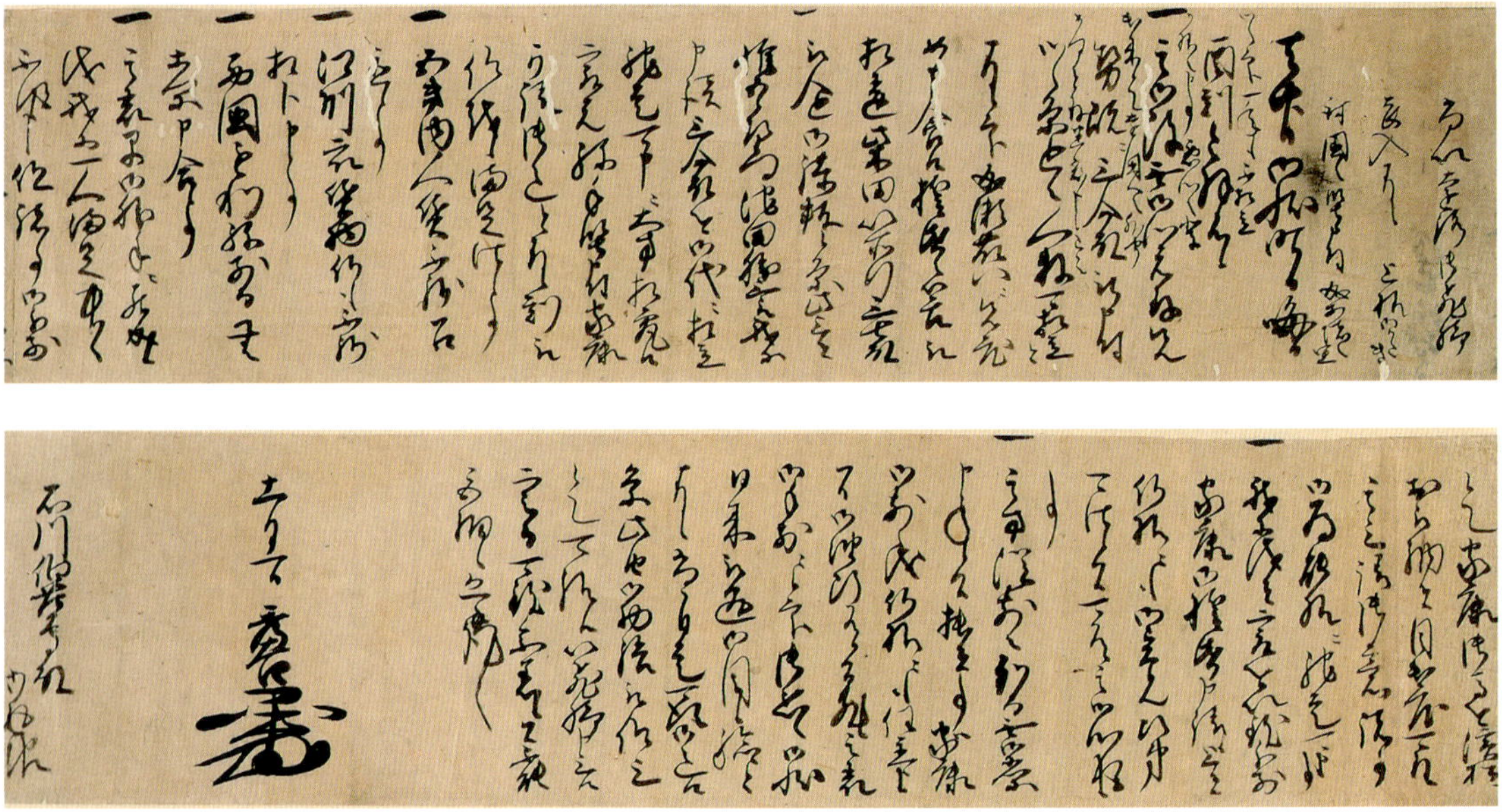

16　羽柴秀吉書状　石川数正宛　真田宝物館蔵

羽柴秀吉が、徳川家康の重臣・石川数正《いしかわかずまさ》（？～1592）に宛てた書状である。天正10年（1582）6月、本能寺の変後、信長亡き後の織田家の体制は清洲会議により定められた。しかしわずか数ヶ月後には、織田信長の三男・信孝、柴田勝家、滝川一益らが謀反を起こし、秀吉を排除しようとする。本状は、そのことを知った秀吉が、丹羽長秀や池田信輝と談じ、信長の二男・信雄（三介殿）を以て勝家らを撃たせようしていることから、賤ヶ岳合戦（天正11年）の前年に出された書状であることがわかる。秀吉は、家康家臣である石川数正に情勢を伝え、油断することのないよう述べている。なお、石川数正は、天正12年（1584）の小牧・長久手の戦いの後、突如徳川家を出奔し、秀吉方に臣従している。（F）

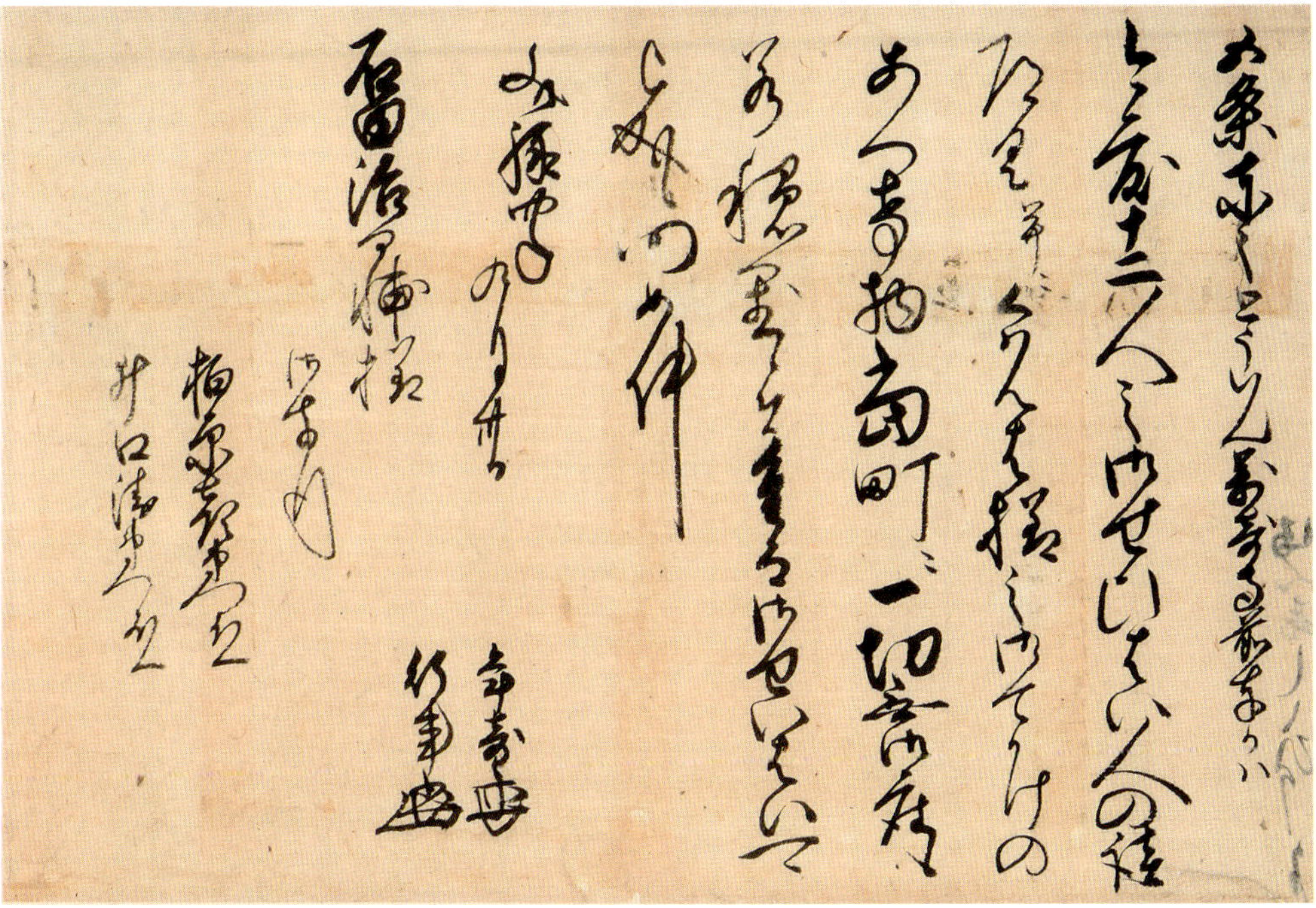

17　京町年寄等連署状　石田奉行宛　真田宝物館蔵

文禄４年（1595）７月、豊臣秀吉の甥・秀次（1568 ～ 1595）は、謀反の疑いをかけられ秀吉によって高野山へ追放させられ切腹した。その妻妾子女・侍女たち30余名は、台車に乗せられて京都市中を引き回された上、三条河原で処刑されたという。

同年９月29日、石田三成は京の町衆に対して秀次の与党および妻妾の遺物提出を求めた。本状は、京都五条東にある萬壽寺門前の町年寄たちが、「御成敗人の諸道具並びに関白様の御手掛けの預物」は一切ない旨を三成の奉行等に報告したものである。（F）

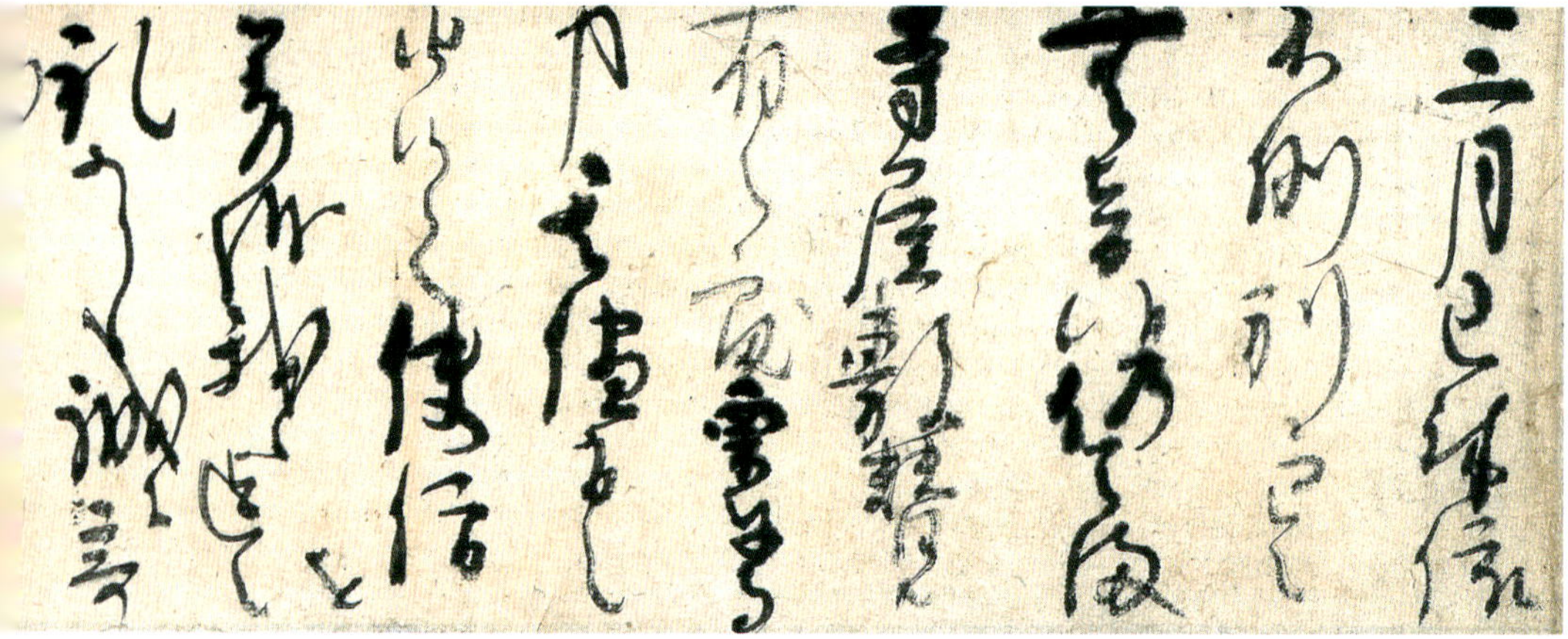

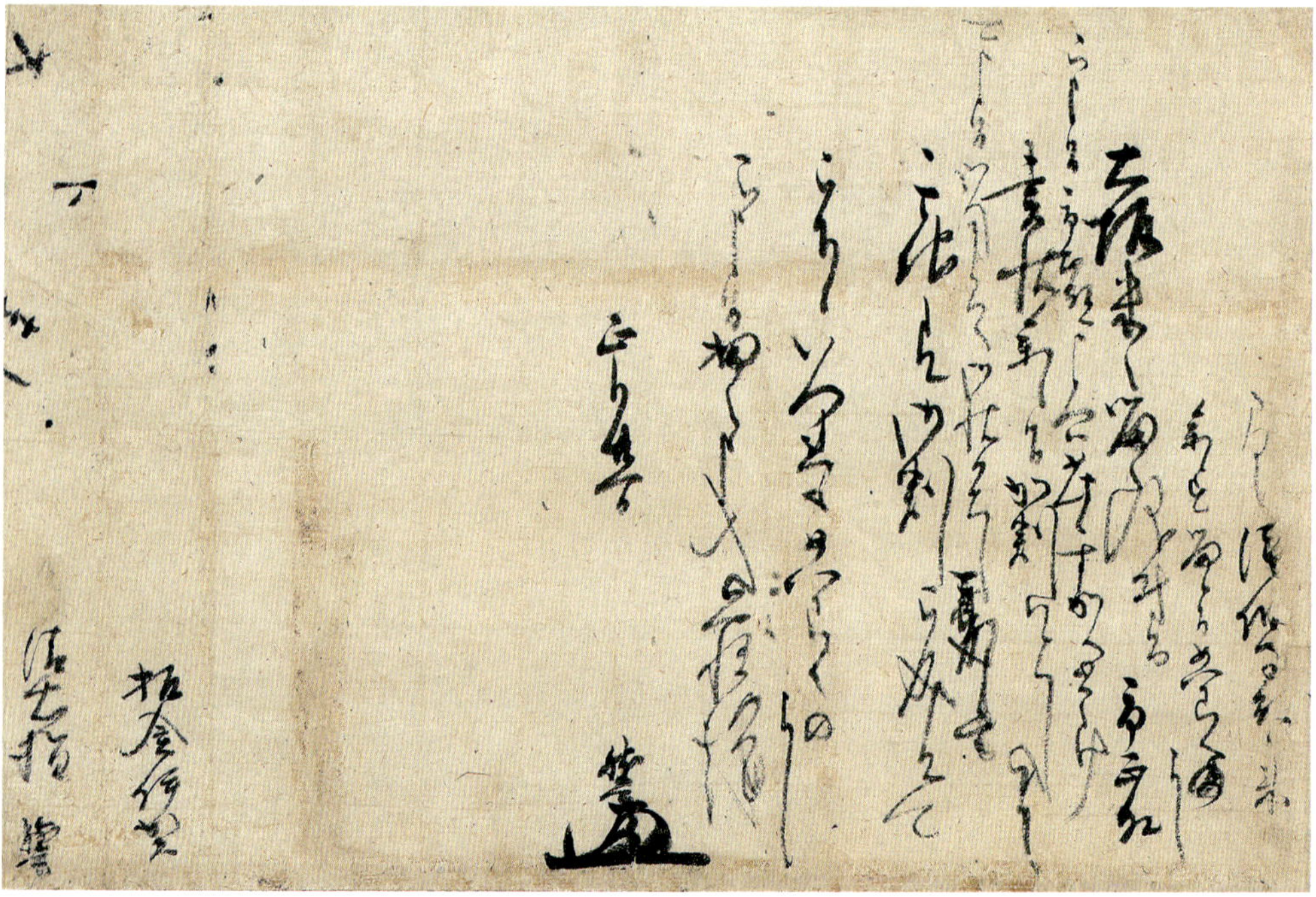

19　板倉勝重書状　清右宛　大阪城天守閣蔵

板倉勝重は、京都所司代として活躍していた人物で、補佐役の米津清右衛門親勝に宛てた書状である。大坂城において豊臣秀頼の家老として動いていた片桐且元が徳川方の板倉の指示に従って指令書を作り、許可を得て実施していたことがわかる。片桐且元の立場と仕事の仕方がよくわかる資料である。

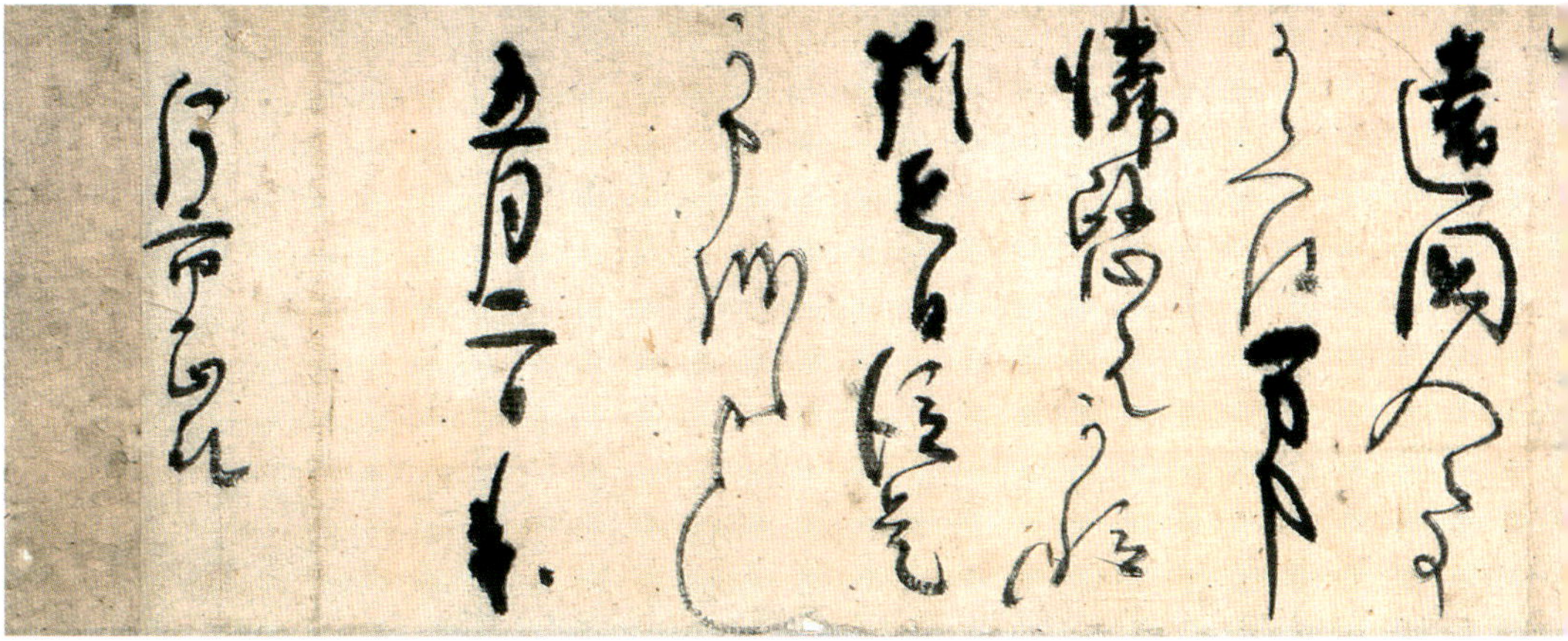

18　近衛信尹書状　片市正宛　大阪城天守閣蔵

秀吉の関白就任に際し、秀吉を猶子としたのが近衛信尹の父前久であった。近衛信尹は、文禄３年（1594）秀吉の怒りにふれ薩摩坊津に配流されていたが、この時期には京に戻っていた。慶長元年（1596）の大地震により伏見城が倒壊したのち、大坂城を中心とした都市改造事業が行われ、大阪市内の多くの寺院が移転・整備された。慶長３年（1598）に天満では開発が進められており「天満屋敷替え」はこれに関するものと思われる。この時、大坂城では三の丸築造工事が行われており、片桐且元が豊臣政権下で大きな権限を持ち、城下町を発展させる事業を遂行していたことが考えられる。

□20　**慶長十年摂津国絵図**　西宮市立郷土資料館蔵

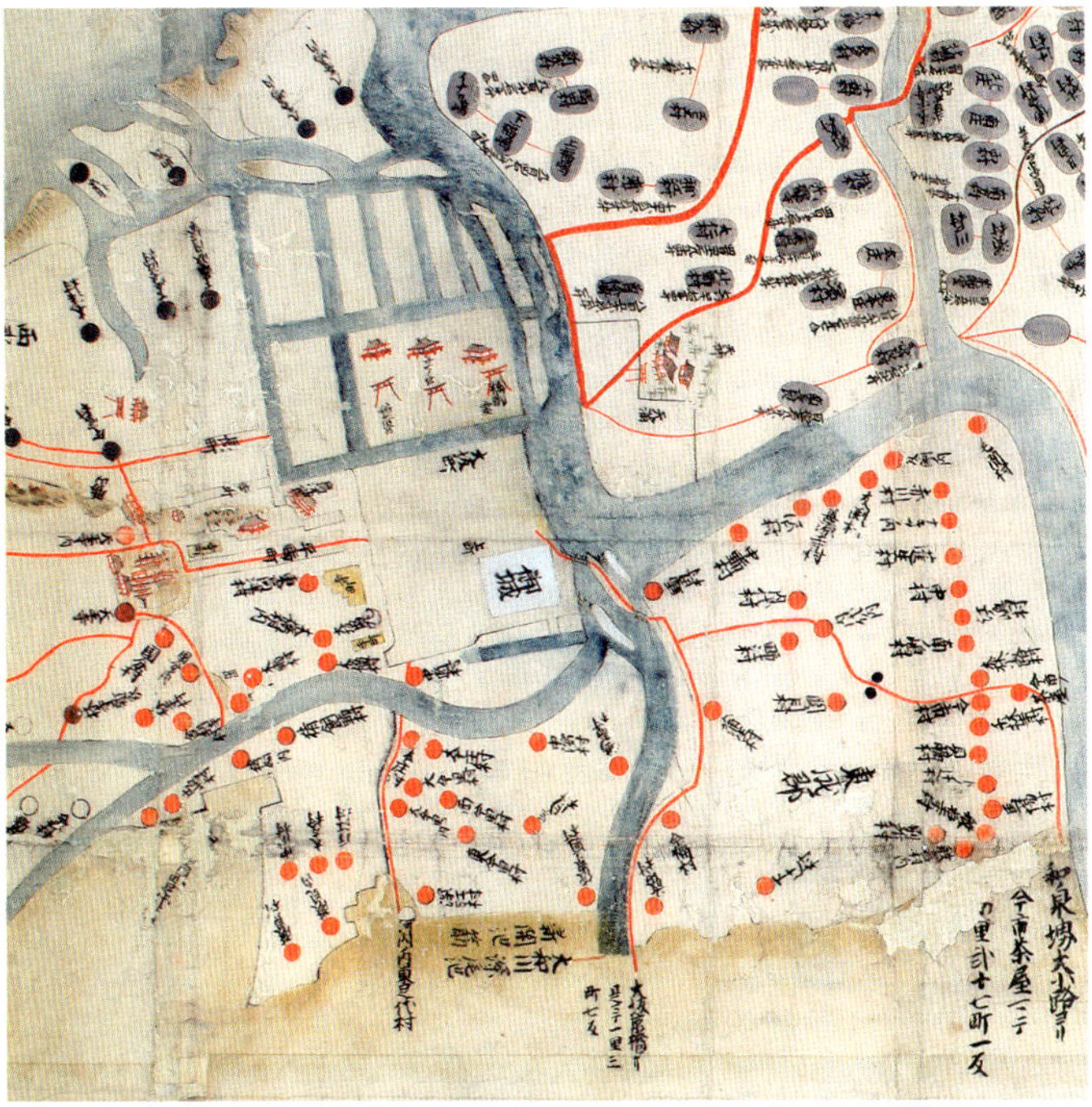

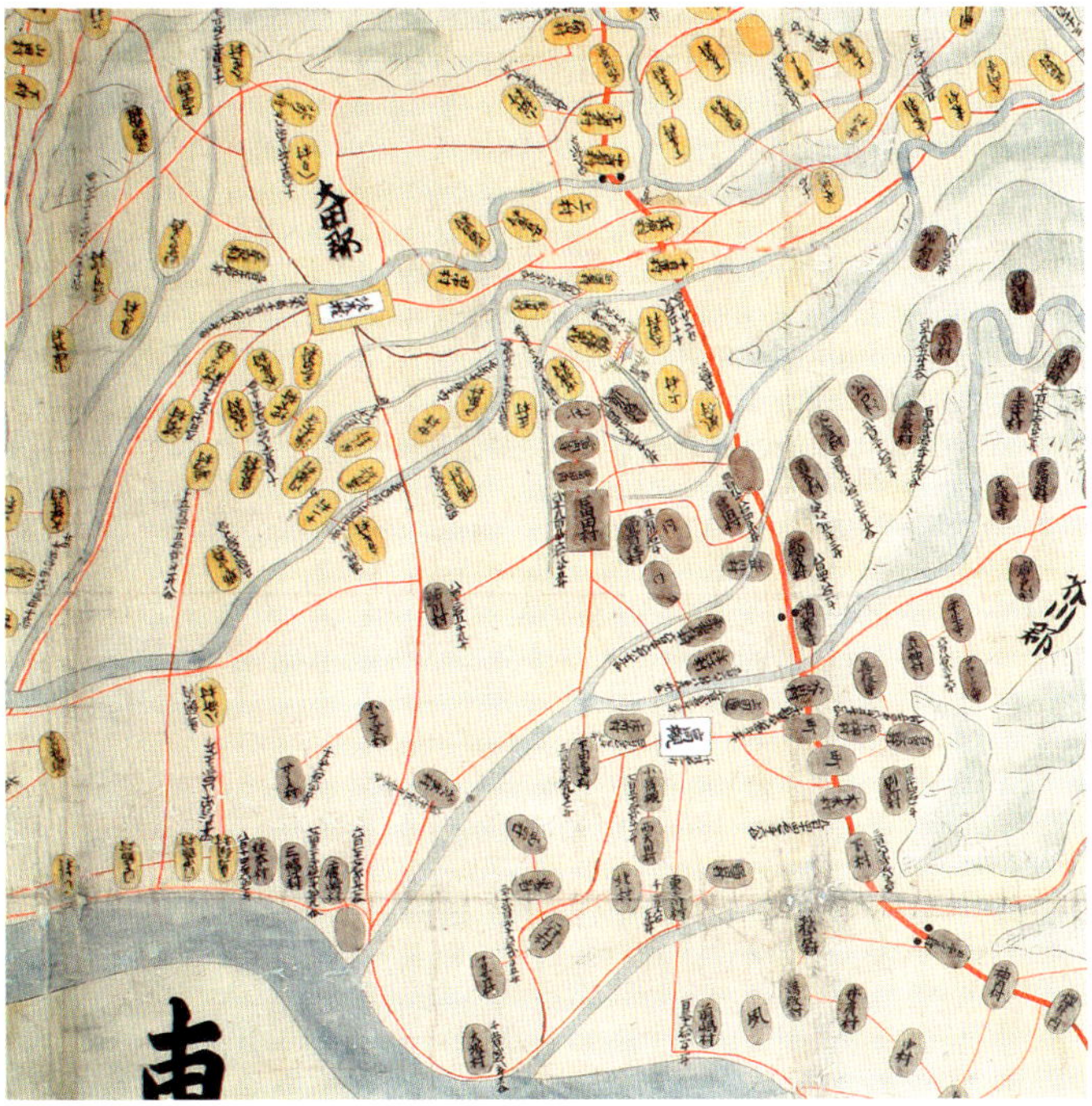

慶長九年（一六〇四）、徳川家康は国郡単位の郷帳や絵図の作成・提出を領主に求めている。この資料は、慶長十年に作成された絵図。片桐且元が郷帳や国絵図の作成に関わったことがわかるのは、摂津・和泉・小豆島である。摂津国絵図は豊臣秀頼の家臣伏屋と水原の二名が中心となって作成し、片桐且元は総指揮をとる立場にあった。

（部分拡大）

Ⅳ 関ヶ原合戦

関ヶ原合戦古戦場

慶長五年（一六〇〇）、徳川家康率いる東軍と石田三成率いる西軍が政権の主導権をめぐって美濃関ヶ原で激突する。関ヶ原合戦である。

この戦いは、豊臣秀吉死後の政権を主導した五大老の徳川家康と会津城主上杉景勝との対立が引き金となった。徳川家康は会津の上杉景勝を征伐する名目で、慶長五年（一六〇〇）六月十六日に大坂を発つが、途中で石田三成が打倒家康のため挙兵したことを知り、兵を引き返し美濃関ヶ原で合戦におよぶのである。合戦の結果、東軍が勝ち、西軍の石田三成以下主な諸将は処刑されたり領地を没収され、徳川の覇権が進むのであった。

この時、片桐且元は大坂城で秀頼の傅役《もりやく》をしており、石田方の挙兵に豊臣家が挙兵する理由はなかった。しかし、ほとんどの大名が出陣している中で、毛利軍の大津城攻めに且元も家来を送っている。

大津城を守っていた武将は京極高次であった。高次は、淀殿から見ると従兄弟にあたる人物で、西軍に応じて加賀前田討伐に従っていた。しかし、軍を途中で返し、海津から大津百艘船の協力を得て大津城に帰還してしまうのである。そして籠城のため、家臣の妻子を呼び寄せ、塩や味噌、醤油を城内の蔵へ運び兵糧米を確保した。また、防御を堅固にするため京町口を掘割にし、六日には、敵方が城下に身を隠さないよう町を焼いている。

一連の高次の行動に対して、毛利軍一万五千人が逢坂越で大津城を包囲することになる。包囲は陸上だけでなく、西軍の増田勢が船・筏に乗って押寄せ、大津城は陸と湖両方を包囲されることになり、大津城攻撃は九月六日から本格的に始まった。京の町衆は籠城戦を芝居見学でもするように手弁当で見物に来ていたという。次第に高次の敗色が濃くなると高野山の僧侶木食応其《もくじきおうご》や淀殿の使いである孝蔵主《こうぞうす》たちも和平に訪れ、九日間に及ぶ籠城は終了し、開城する

大和龍田藩の堀跡から主郭を望む

大津城跡

ことになる。

開城した京極高次は九月十五日に高野山に旅立つが、奇しくも同じ日に美濃の関ヶ原で合戦が始まっている。

関ヶ原合戦後、且元は慶長六年（一六〇一）一月二十八日、一万八千石の加増を受けている。伊勢と播磨の所領と引き換えに大和平群《へぐり》郡内に二万四千石が与えられ、二万八千石の大和龍田《たつた》藩主となる。

家康は合戦後、新規に取り立てる武将への知行宛行を行っており、且元もその中の一人であった。同年二月三日に秀頼の傅役から家老となり、且元は豊臣家を総括するにふさわしい人物となっていく。

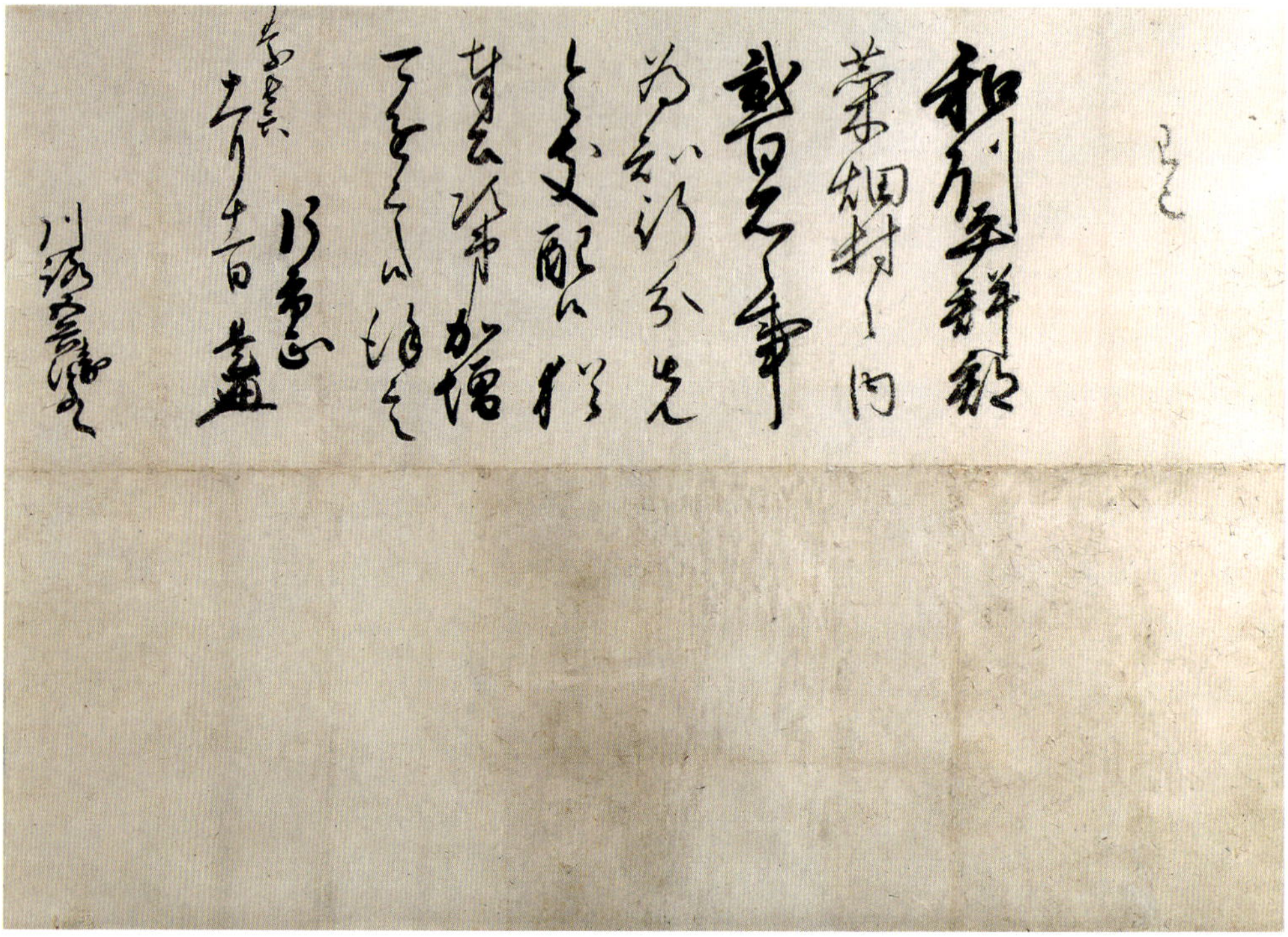

21　片桐且元書状　川路五兵衛宛　本館蔵

関ヶ原合戦後、片桐且元は大和平群郡内に多くの所領を得ている。これにより、大和龍田城主となり、石高は２万8000石となる。本書は、且元が大和に所領を得た慶長６年（1601）11月11日に大和平群郡菜畑村の200石の土地を家臣の川路五兵衛へ知行として与えたもの。200石が宛がわれていることから川路五兵衛は片桐且元の重臣であろう。

22 徳川家康像 京都大学総合博物館（英名：The Kyoto University Museum）蔵

本像は、朱塗りの殿舎内で繧繝縁《うんげんべり》の上畳上に、束帯姿で向かって斜め左を向いて坐している。上部には御簾に葵紋散らしの帳が下がり、その上を雲が覆い、前面には高欄《こうらん》と狛犬を描く。「東照権現」として神格化した家康の姿を描いたものである。

本像を納める箱の蓋裏に慶安二年（一六四九）の表装修理銘があることから、この年以前に制作されたと考えられ、また、箱の蓋表の墨書から、本像は寛永寺寒松院の什物であったことがわかる。三代将軍家光が夢に見た家康を描かせたという霊夢《れいむ》像の一つである可能性が高い。（F）

23　**伝徳川家康像**　京都大学総合博物館（英名：The Kyoto University Museum）蔵

本像は、束帯姿で左手に笏を持ち、繧繝縁《うんげんべり》の上畳に茵《しとね》を敷いて坐している。題簽に「伝徳川家康画像」とある以外に手がかりに乏しく、通常の家康像によりやや丸顔となっている。家康を描いた像だとすると、まだ神格化が進んでいない時期に制作されたものと考えることができる。軸書に「元信之筆」とある。（F）

24　徳川家康像　真田宝物館蔵

本像は、繧繝縁《うんげんべり》の上畳に、束帯姿で坐る家康を画面中央に配し、上部には御簾と葵紋の帳、前面には高欄付の縁と階段を描く。東照権現として神格化された家康の姿を描いたものであるが、その構図から、三代将軍家光が夢に見た家康を描かせた霊夢像であろう。「描表装《かきびょうそう》」と呼ばれる技法を用いた豪華な表装が特徴。封紙から日光慧常院の原図を嘉永元年（一八四八）に模写したことがわかる。二重箱とともに、「東照大権現縁起」が添えられる。（F）

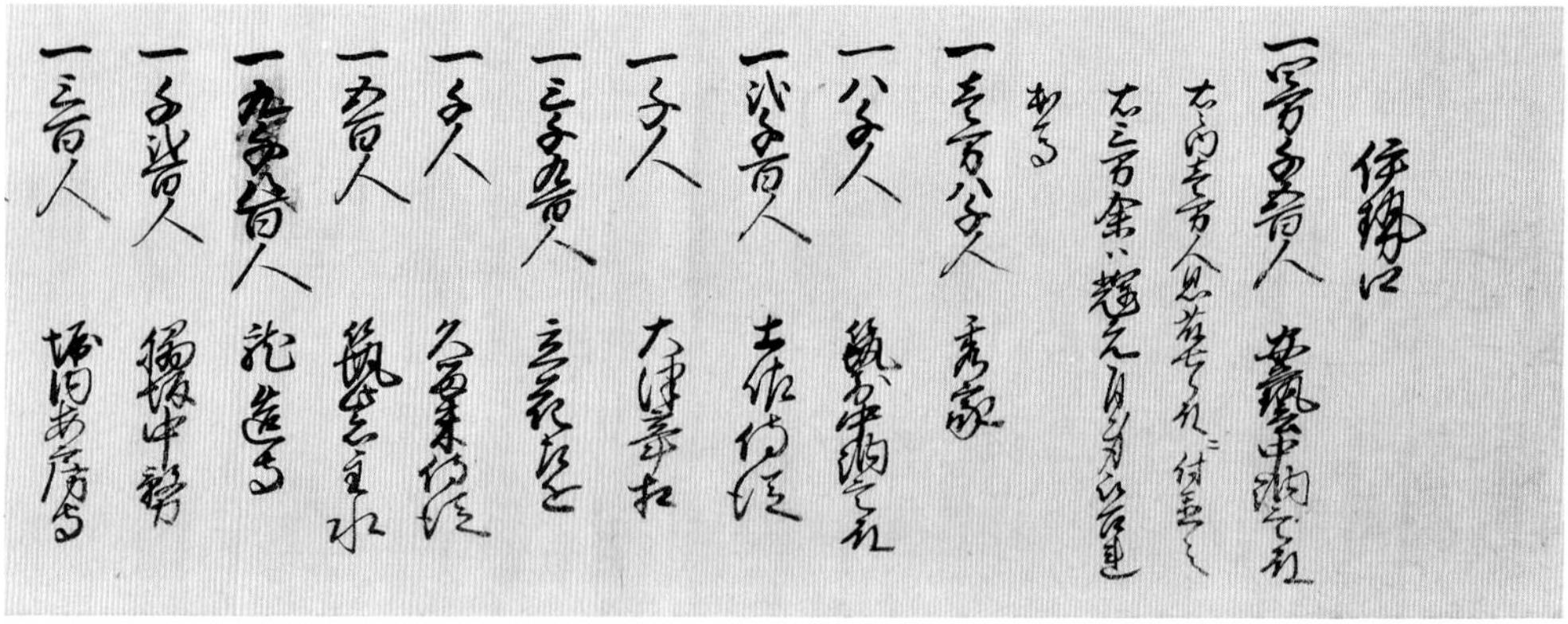

伊勢口
一 四万五百人　安芸中納言殿
右内壱万人ハ吉川蔵人ニ付置之
右三万余ハ輝元自身召連
相越候
一 壱万八千人　秀家
一 八千人　筑前中納言殿
一 弐千百人　土佐侍従
一 千人　大津宰相
一 三千九百人　立花左近
一 千人　久留米侍従
一 五百人　筑紫主水
一 九千八百人　龍造寺
一 千弐百人　脇坂中務
一 三百人　堀内安房守

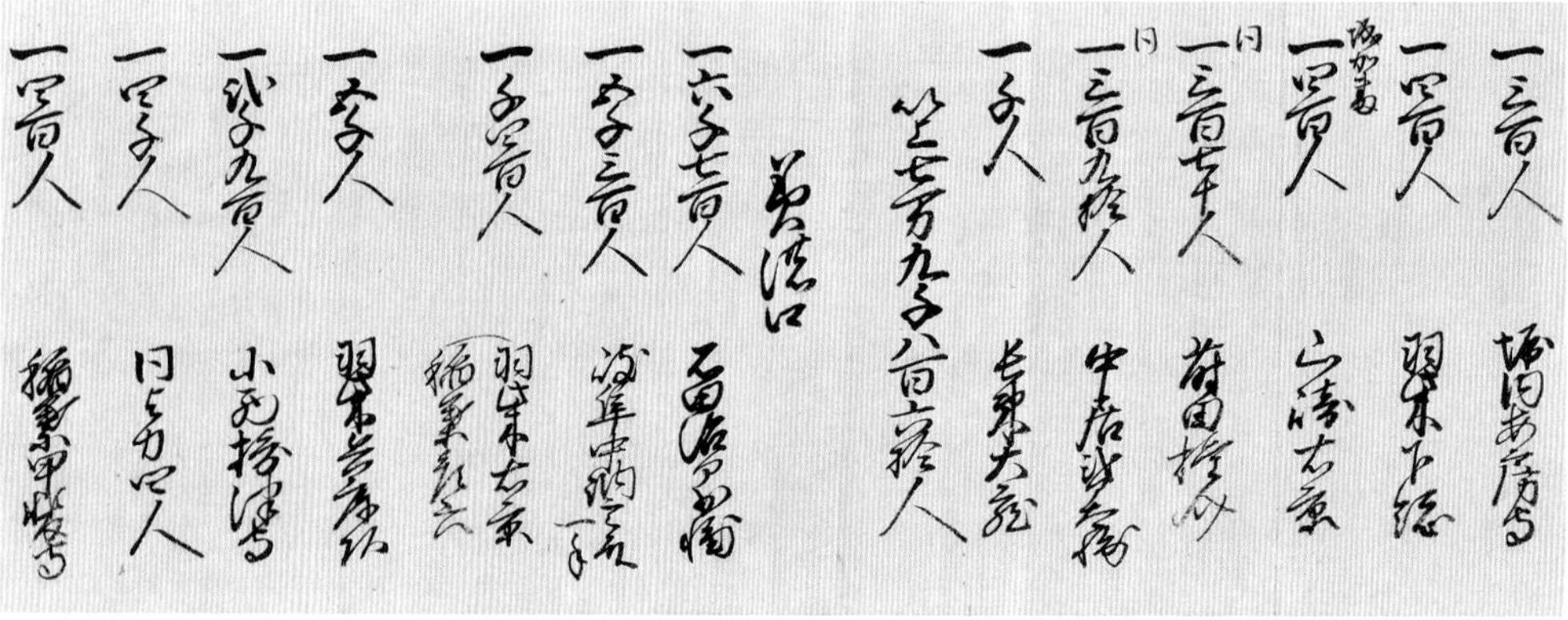

一 三百人　堀内安房守
一 四百人　羽柴下総
加賀爪
一 四百人　山崎右京
日 一 三百七十人　蒔田権佐
日 一 三百九拾人　中江式部
一 千人　長束大蔵
惣已上七万九千八百六拾人

美濃口
一 六千七百人　石田治部
一 五千三百人　岐阜中納言殿 一手
一 千四百人　羽柴右京 稲葉彦六
一 五千人　[illegible]
一 弐千九百人　小西摂津守
一 四千人　同与力之人
一 四百人　稲葉甲斐守

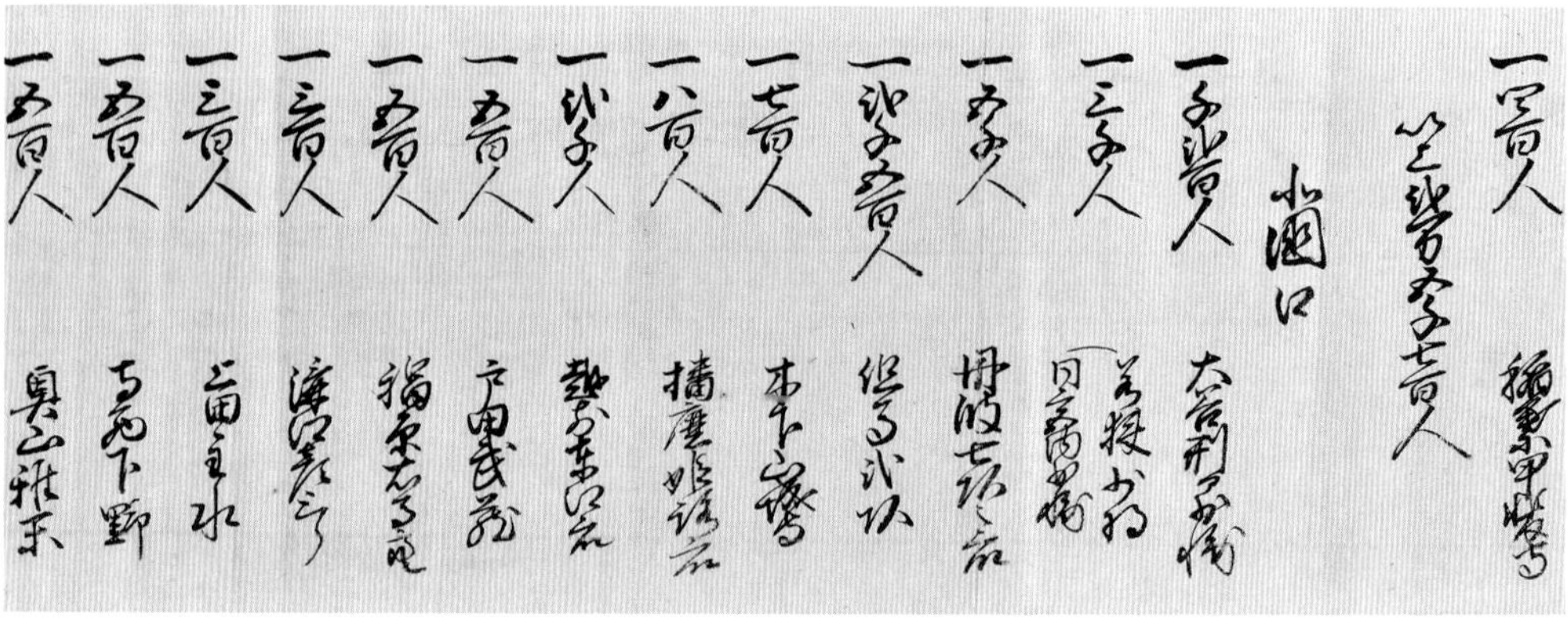

一 四百人　稲葉甲斐守
惣已上弐万五千七百人

北国口
一 千弐百人　大谷刑部少輔
一 三千人　若狭少将 （同宮内少輔）
一 五千人　丹羽五郎左衛門
一 弐千五百人　[illegible]
一 七百人　木下宮内
一 八百人　播磨姫路衆
一 弐千人　[illegible]
一 五百人　戸田武蔵
一 五百人　稲葉右京亮
一 三百人　溝口彦三
一 三百人　上田主水
一 五百人　[illegible]下野
一 五百人　奥山雅楽

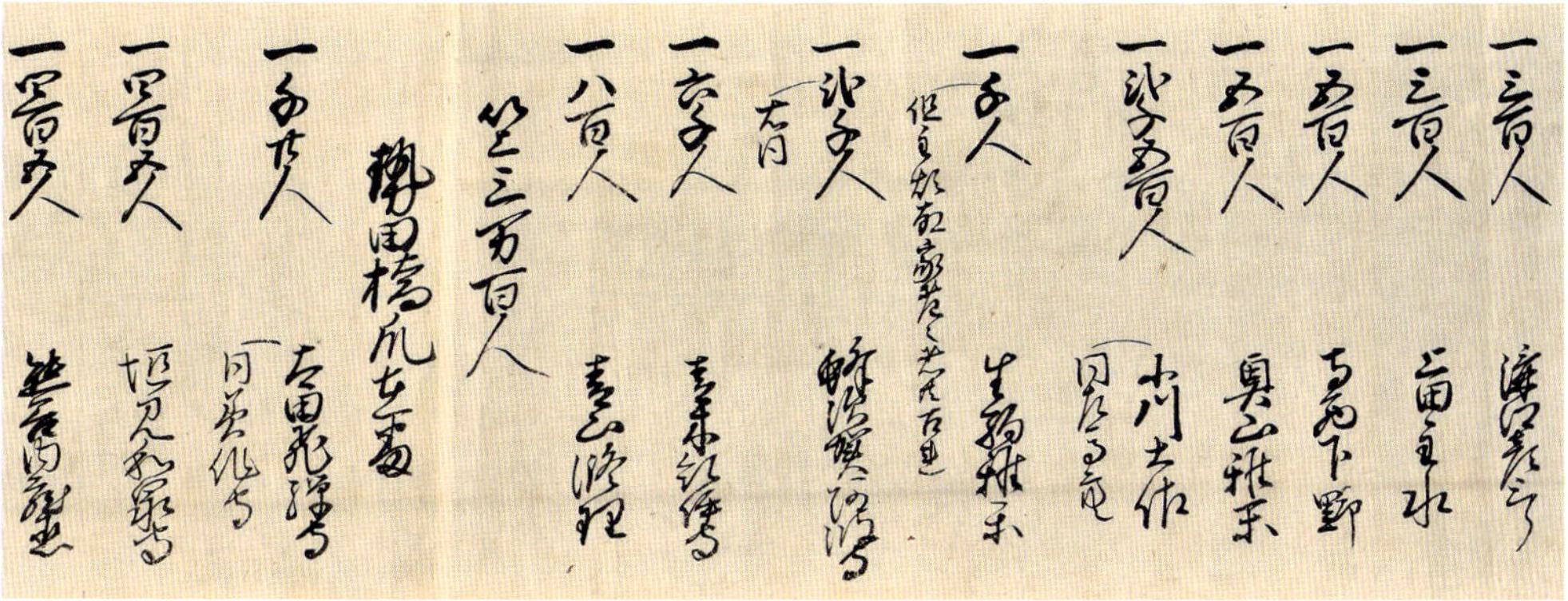

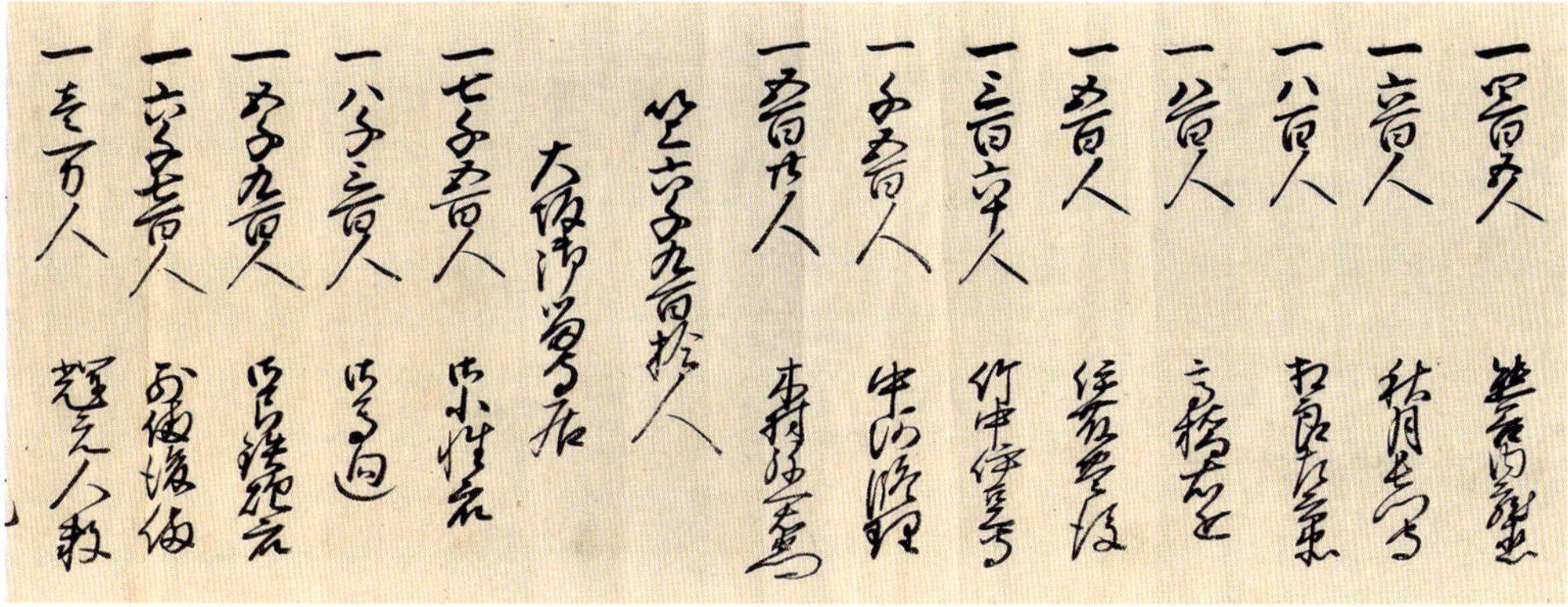

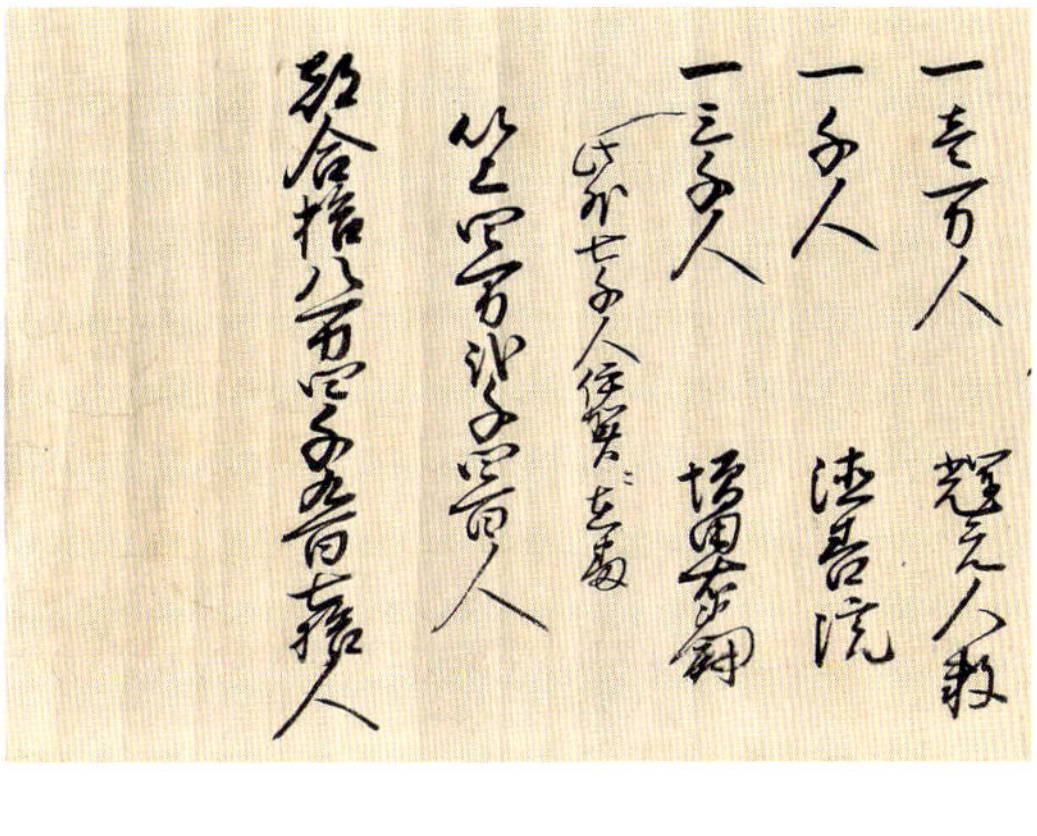

25 備口人数 真田宝物館蔵

関ヶ原合戦前の西軍の布陣を記した陣立書。『真田家文書』に残った8月5日付けの石田三成書状にある「備《そなえ》の人数書」に相当するものと考えられ、信濃真田家へ三成が西軍の配置を知らせたものとわかる。

三成ら西軍の8月段階の計画が、尾張・美濃から加賀・越前に至る南北のラインで、東軍を迎撃しようとしていたことが読み取れる。(M)

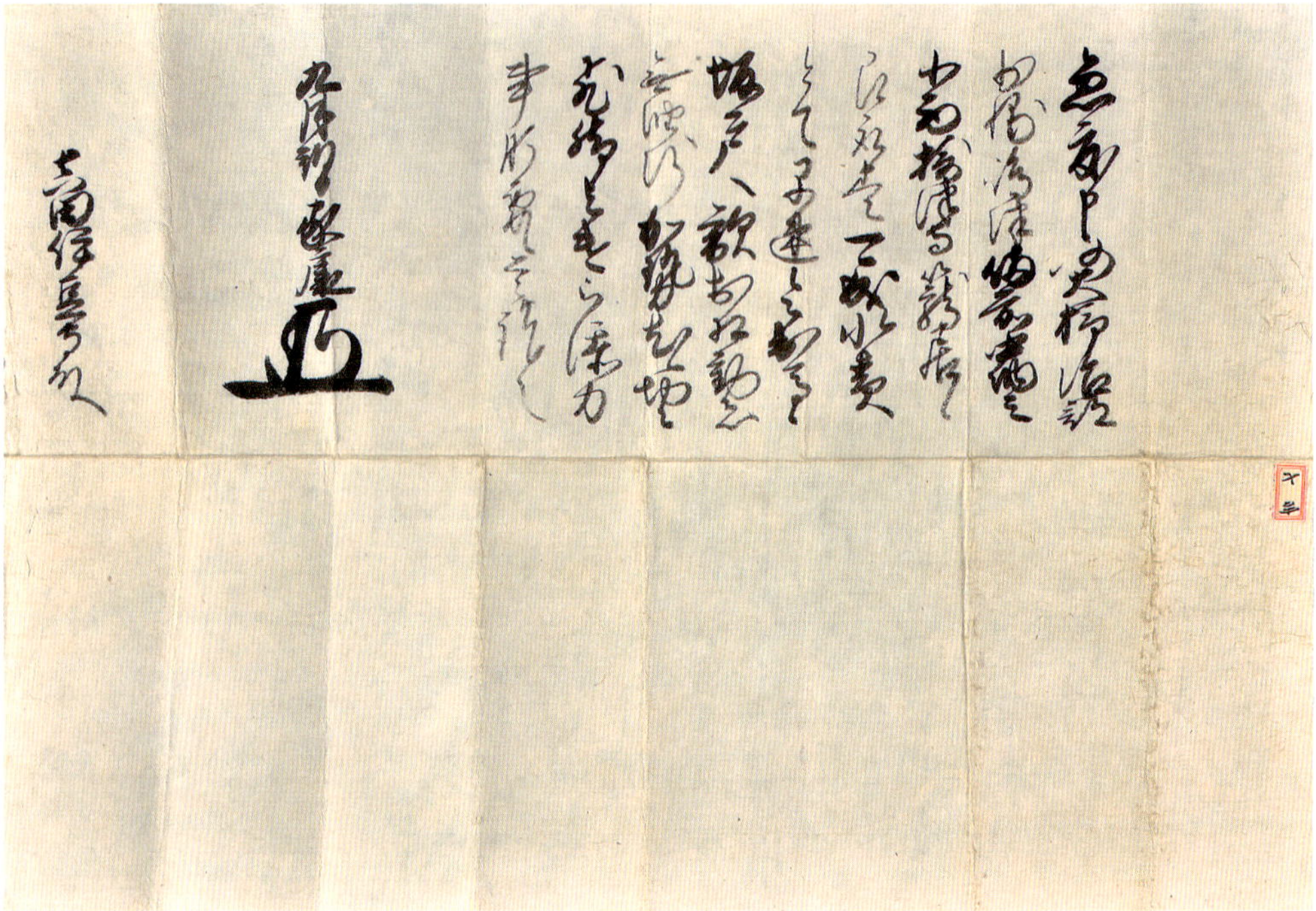

26　徳川家康書状　真田信幸宛　真田宝物館蔵

徳川家康が伊豆守であった真田信幸に宛てて出した書状。岐阜大垣城に石田三成、島津義弘、宇喜多秀家、小西行長が入っているため、これを攻めようとしている旨を伝えるとともに、上杉景勝の兵が虚をついて越後に攻め入ることをおそれ、上野沼田の信幸に越後坂戸まで赴援させようとしたものである。

関ヶ原合戦前、徳川方は８月23日に岐阜城を攻略し、25日に大垣城を臨む赤坂の岡山（現岐阜県大垣市）を本営と定めていた。（T）

コラム

片桐且元の治水事業―狭山池復興―

牛谷好伸

写真1　狭山池

狭山《さやま》池は、大阪府南部に位置し、大阪狭山市（面積十一・九二平方キロメートル）の中心を占める。

この池は、築造は飛鳥時代で日本最古のダム式溜池と言われている。長い歴史を持つ狭山池は、同時に長い修復の歴史も持つ。最初の大規模な修復は、築造から百五十年ほど経過した奈良時代中頃に行われた。天平宝字六年（七六二）の行基による改修である。この時は、飛鳥時代の樋に継ぎ足す方法で樋管を延長するなどし、貯水量が二倍になったと言う。その後、平安時代初めにも取水部が修理され、鎌倉時代になると建仁二年（一二〇二）に改修が行われる。この時の責任者は東大寺の再興を行った重《ちょう》源《げん》である。この時、付近の古墳の石棺を再利用している。この後、十六世紀前半に改修を試みたが失敗した記録が残っている。現在私たちが見る狭山池の姿の基礎となる大規模な改修が慶長十三年（一六〇八）に行われ、江戸時代には主な改修だけでも十回行われた。また、最近では平成に大規模な改修が行われている。飛鳥時代から現在まで数多くの改修が行われた狭山池は、改修の歴史から見ても人々にとってなくてはならない存在であったことを物語る。

片桐且元と狭山池は、慶長十三年（一六〇八）年の改修でつながる。この時の改修は、慶長の改修と呼ばれている。この改修は、慶長十三年二月七日から、半年の工期で行われた。且元は、この改修工事の責任者を務め、工事は、普請奉行に三人（林又うえもん、小嶋吉右衛門、玉井助兵衛）、下奉行五人の体制で行われ、工事に従事した人夫は摂河泉三国から集められた。

竣工は八月十五日で、改修により、狭山池は北東部・南東部に広がった。また、北堤が延長し、かさ上げされ、堤の高さは十一・八メートル、推定基底幅五メートルで、積み上げられた上部の厚さは〇・五〜〇・七メートルとなる。これは、鎌倉時代に重源が改修した時より一・四倍の面積で、多くの周辺の田畑を潤した。

堤の埋土は、斜面部はシルトなどのきめ細かな土を用い、堤の上部は、洪積段丘を用いたのか握りこぶし大の礫の含有が目立つ。堤の土層のすぐ下に伏見地震が原因と推定される噴砂と円弧滑りが存在した。堤の大規模な地滑り、崩壊は最低二回起こっており、決壊の修復も行われたようである。工事に使用した土量は、堤付近だけで三万立

写真２　中樋遺構

写真３　片桐且元が構築した東樋

写真４　東樋上層遺構

写真５　木製枠工

方メートルにのぼったのである。慶長の改修による構造物は堤体の他に、樋と木製枠工がある。樋は東樋、中樋、西樋の三ヶ所が作られている。

平成の改修に伴う発掘調査により、土中に埋まっていた東樋が発見された。東樋は慶長の改修後十年余りで放棄され埋まったようで、以後、中樋が東樋と呼ばれていた。中樋や西樋は尺八樋と呼ばれる構造を持つ。尺八樋は、池の水を外部へ導水する伏樋から上方にあがる竪樋に複数（狭山池は四つ）の取水口をもつ樋である。効果的に水を導水することを可能としていた。また、池には余水を放流する除《よけ》も設定されていた。

水を運ぶ樋には、造船の技術も見られる。造船に使われる縫釘は平たく全体にゆるく湾曲している。この特徴は、狭い板同士をつなぐには都合が良く、板から飛び出す心配も少ない。さらに板同士の接合部にスギやヒノキの内皮を柔らかく砕いた「まきはだ」を詰めて水漏れを防ぐ方法を採用している。

このほか、木製枠工や護岸の方法など多種の技術が導入されたことがわかっている。業種を越えて人々が交流し、様々な分野で円熟した技術を惜しみなく使い、技術の伝播が行われたのである。

慶長の改修後、池守として田中孫左衛門は子々孫々まで当地に留まり、狭山池を管理してきた。自然を相手にする事業は、常に人による手入れが必要となる。且元らによって、命脈が保たれた狭山池は、現代になって、平成にも修理を受けた。この修理により、狭山池は生命にとって命となる水を未来に向って保っていくのである。悠久なる狭山池の歴史の中に片桐且元という人物がいたことを記憶しておきたい。

（写真２～５　大阪府立狭山池博物館提供）

V　豊臣家の寺社復興

北野天満宮擬宝珠

　長引く合戦により多くの寺社が衰退する中、寺社復興の動きも始まっていた。慶長二年（一五九七）秀吉が荒廃した醍醐寺の再興を試みたのをはじめ、秀吉没後、秀吉が破却した園城寺の復興に北政所や徳川家康が動き、毛利輝元が奉行として再興した他、淀殿は石山寺の整備を行っていた。このように、慶長年間には、京畿を中心におびただしい数の寺社が復興されている。これは、秀吉の菩提を弔うため、秀吉の子・秀頼が多くの寺社の再興を推し進めたことによるものであった。この時に奉行として多くの寺社復興に携わったのが片桐且元である。

　秀頼による寺社再興は秀吉による復興が中断していた醍醐寺から始まるが、且元が寺社復興に関与したのは慶長六年（一六〇一）再興の浄信寺（長浜市木之本町）と王布良天王社（長浜市木之本町）からであった。浄信寺の擬宝珠には且元と雨森長介が奉行として名を連ねている。また、竹生島の復興も慶長六年頃から八年にかけて行われている。

　同じ年に、大和の法隆寺においては伽藍全域にわたり、六年の歳月をかけた慶長修理が始まっている。このように多くの寺社復興を行えたのは優秀な職人に恵まれたことが大きい。法隆寺の慶長修理において惣棟梁を務めた中井正清（一五六五～一六一九）は、法隆寺門前の西里出身で天正十六年（一五八八）、徳川家康に知行二百石で召し抱えられ、中井姓を名乗っている。関ヶ原合戦後には五畿内と近江の大工・大鋸《おが》の支配を仰せつけられ、二条城や伏見城の作事に携わり従五位下大和守に任ぜられる。その後、名古屋城や内裏の作事を行い、大久保長安の書状には「何事も御普請方之儀、大和次第」と言わせしめ、後に従四位下になった人物である。

　法隆寺の慶長修理が始まった翌年には、片埜《かたの》神社（枚方市）、和泉五社（和泉市他）において復興を行っている。これらは、秀頼

出雲大社復元模型（慶長期）　（写真提供：島根県立古代出雲歴史博物館）

所領（摂津、河内、和泉）の由緒ある神社を復興・新造したことによっている。慶長八年（一六〇三）には竹生島の宝厳寺（長浜市早崎町）の修復が完了し、薬師寺休《やす》ケ《が》岡《おか》八幡宮（奈良市）では復興が開始されるなど、復興する寺社の数は増え、慶長十一年（一六〇七）の北野天満宮でピークを迎える。北野天満宮は、権現造でまとめられた華麗な新営事業として実施され、現代も残る社殿の擬宝珠には「片桐東市正且元」の名が刻まれている。

京都における北野天満宮造営以後は、秀吉創建の方広寺復興に力を入れていくことになる。且元苦難の道の始まりであった。

秀頼による寺社復興は畿内を中心に全国各地で行われ、史上まれにみる出来事であった。復興には、人と技術、資金が必要であり、様々な地域から大工が集められ復興事業が進められた。旧来の大工の在り方を変え、短期間で大規模な建築を可能とする技術や巧みの技が各地に伝播していったのである。

薬師寺休ヶ岡八幡宮

醍醐寺

片埜神社

浄信寺

金峯山寺蔵王堂

法隆寺聖霊院

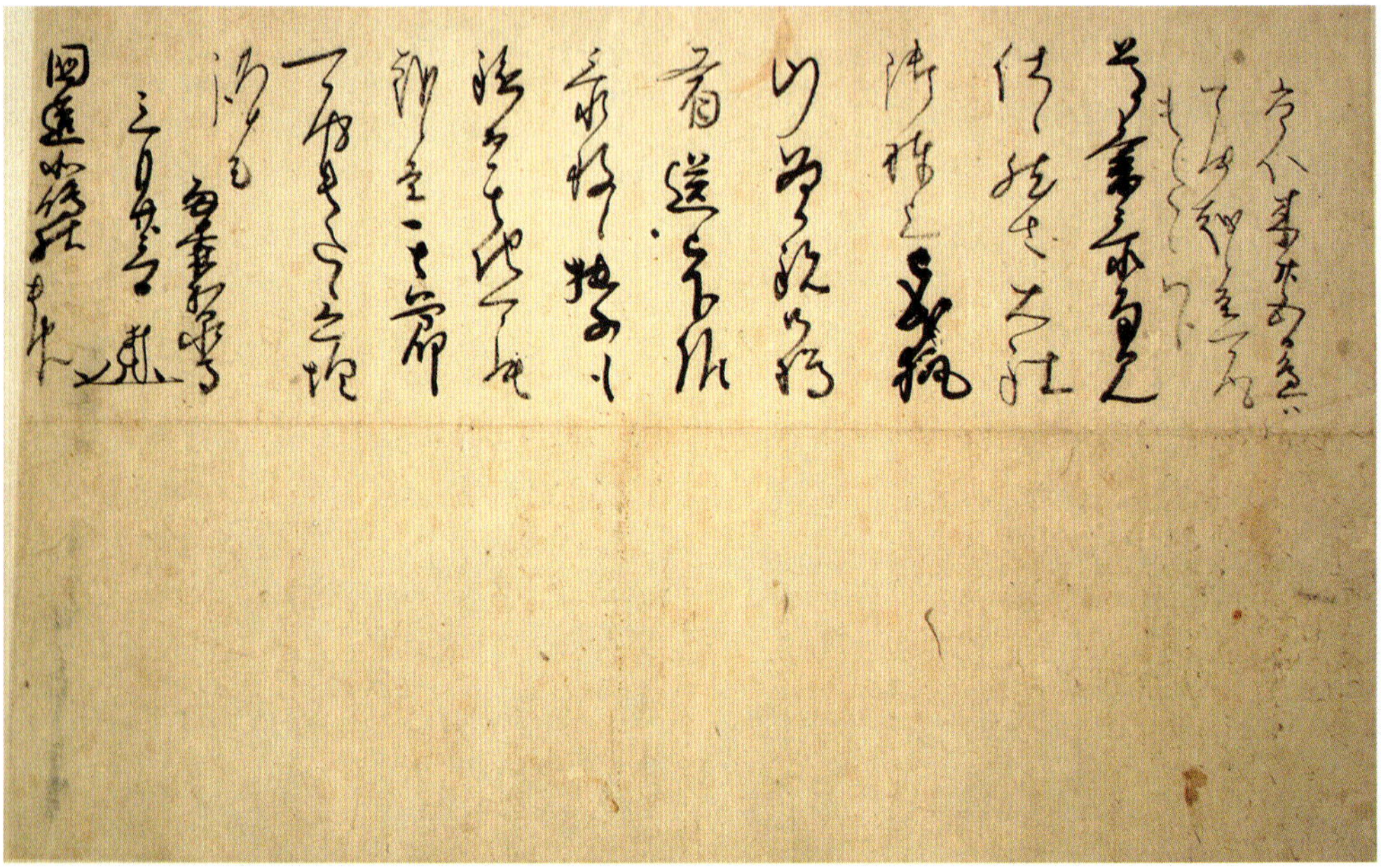

◎27　**雨森和泉守書状　国造北嶋広隆宛**　北島建孝氏蔵

本状は、豊臣秀頼が願主となった慶長度造営に際して、国造・北嶋広隆が出雲大社造営の棟上の役を果たしたことを慶賀し、祝いの贈物への礼を述べたものである。雨森和泉守は、秀頼の馬廻で近江国余呉村（長浜市余呉町）出身の雨森長介とも考えられる。慶長度造営は、立柱・棟上ともに国造・北島家がこれを執行したのである。本殿は、高さ６丈５寸４尺（約19.6m）まで高くなり、出組を採用し柱の外面は黒漆塗り、内面は朱漆を施した。前後の妻側には彩色の雲龍彫刻を嵌め込むなど、桃山建築らしい豪華な本殿となった。（M）

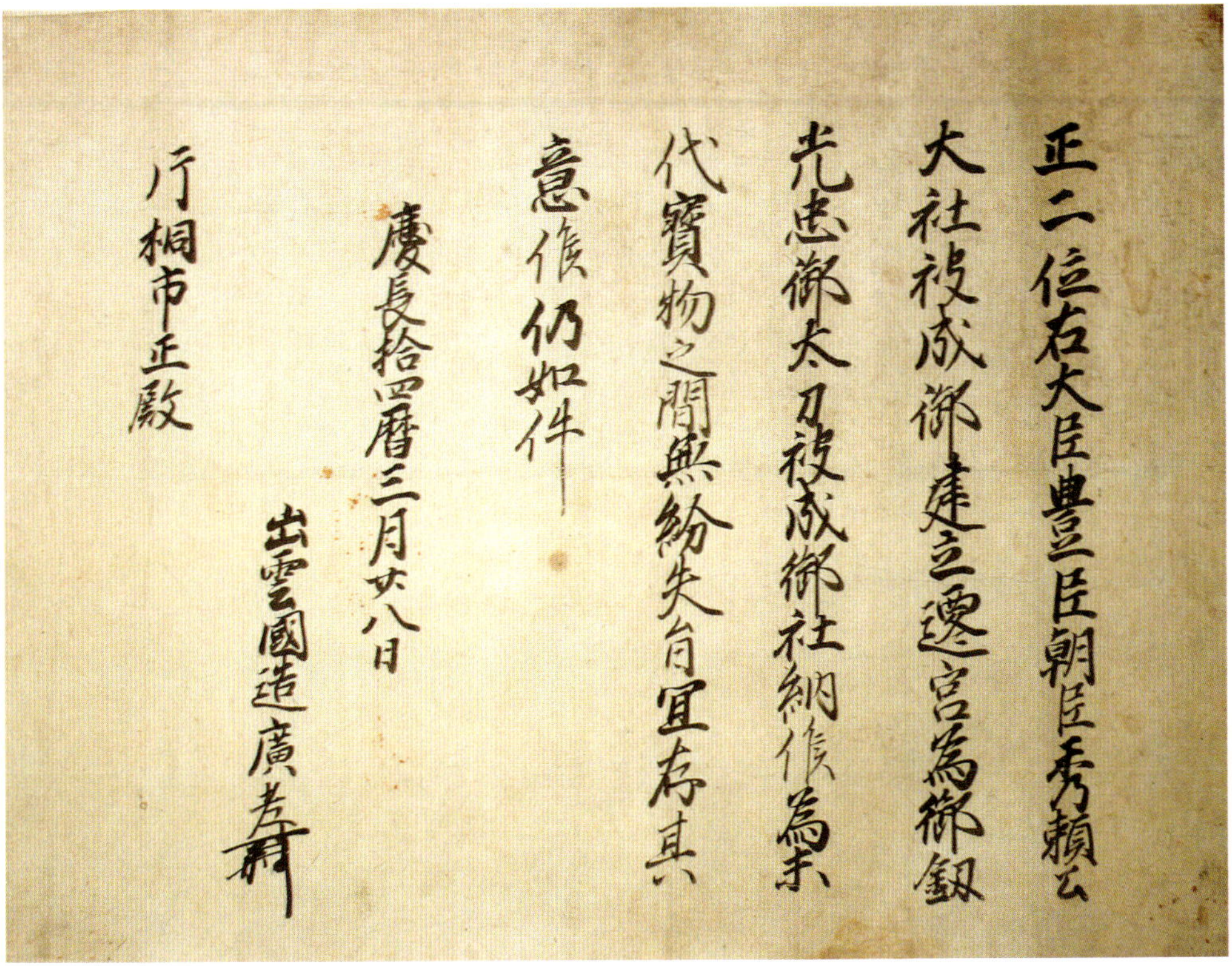

正二位右大臣豊臣朝臣秀頼公
大社被成御建立遷宮爲御釼
光忠御太刀被成御社納候爲末
代寶物之間無紛失旨宜存其
意候仍如件
慶長拾四暦三月廿八日
出雲國造廣孝
片桐市正殿

◎28　**国造北嶋広孝請書　片桐且元宛**　北島建孝氏蔵

慶長10年（1605）頃から造営工事が行われていた出雲大社は、慶長14年には竣工し、３月28日に遷宮をおこなった。この日に、竣工を慶賀して大坂城の豊臣秀頼から太刀（銘光忠）が御剣として奉納された。この文書は、太刀奉納への請書である。国造・北嶋広孝から、秀頼側近の片桐且元に宛てて出されている。末代まで宝物として伝え、紛失なきよう心掛けることを伝えている。この約束は果たされ、この太刀が列品番号43（P.67）の太刀（銘光忠）である。（M）

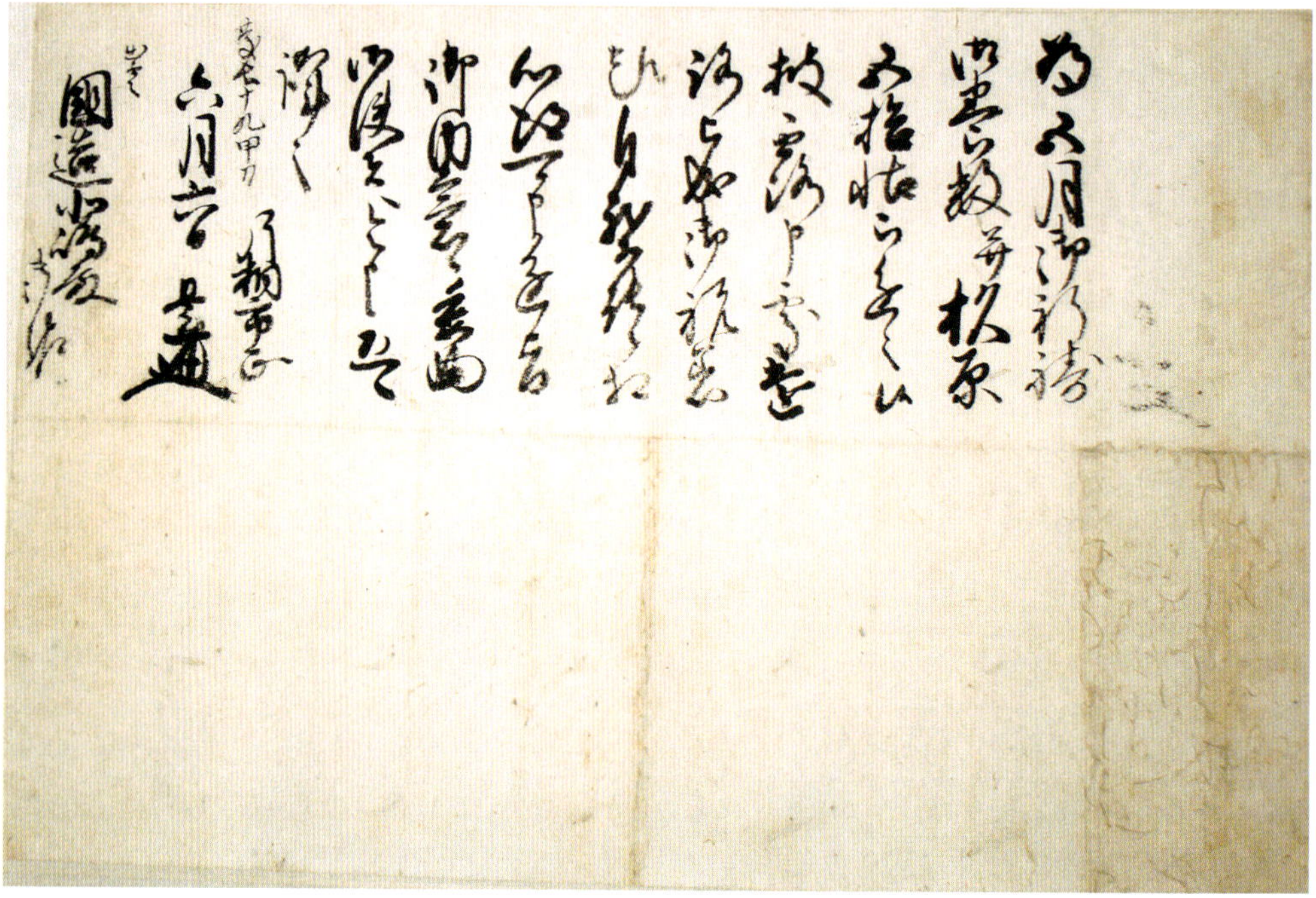

◎29　片桐且元書状　国造北嶋広孝宛　北島建孝氏蔵

この文書は、出雲大社から豊臣秀頼へ５月の祈禱として巻数と杉原紙50帖を贈られたことに対する、片桐且元から出雲大社の北嶋広孝への礼状である。５月の祈禱とは、端午節句の祈禱であると考えられる。文中の「御内意」は、豊臣秀頼の内意（内々の意向）のことである。巻数は祈禱札で、杉原紙は、播磨国杉原谷（兵庫県多可郡多可町）で製造された楮紙のこと。奉書紙に似て、薄く柔らかい紙質で、鎌倉時代から京都の貴族に愛用され贈答品として使用された高級紙である。且元の豊臣家家老としての地位が伺われる。（M）

30　鰐口　浄信寺蔵

浄信寺境内に鎮座する五社明神社殿に奉納された鰐口。鰐口は、円柱形で下方に口が開き、堂前の軒下にかけて紐で打ち鳴らすもの。表には「江州木本五社　慶長七年壬寅六月吉日　秀頼御建立御奉行雨森長介」の銘が陽刻される。この鰐口により寺域内の五社明神社殿は、慶長７年（1602）６月に完成したと考えられる。

31　釣燈籠　浄信寺蔵

　長浜市木之本町にある浄信寺を復興した際に寄進された釣燈籠。釣燈籠は、中に照明のための明かりを入れる照明器で、吊り下げられ使用した。室町時代から江戸時代にかけて社寺に奉納する風習があり、多くが金属製である。当資料は、金銅板を張り合わせた造りで、火袋には五三の桐を中心に唐草文様が施され、奉行として片桐且元が携わったことを雄弁に語る。

32 擬宝珠 浄信寺蔵

長浜市木之本町にある浄信寺の建物を飾った擬宝珠である。擬宝珠は、勾欄の小柱の頭部を飾り、形が宝珠に似ていることからこの名がつく。銘文から、慶長六年（一六〇一）に浄信寺本堂は片桐且元と雨森長介を奉行として再建されたことがわかる。しかし、江戸時代の元文四年（一七三九）に火災により灰燼に帰した。擬宝珠に生々しい傷が残るのはその時のものであろう。

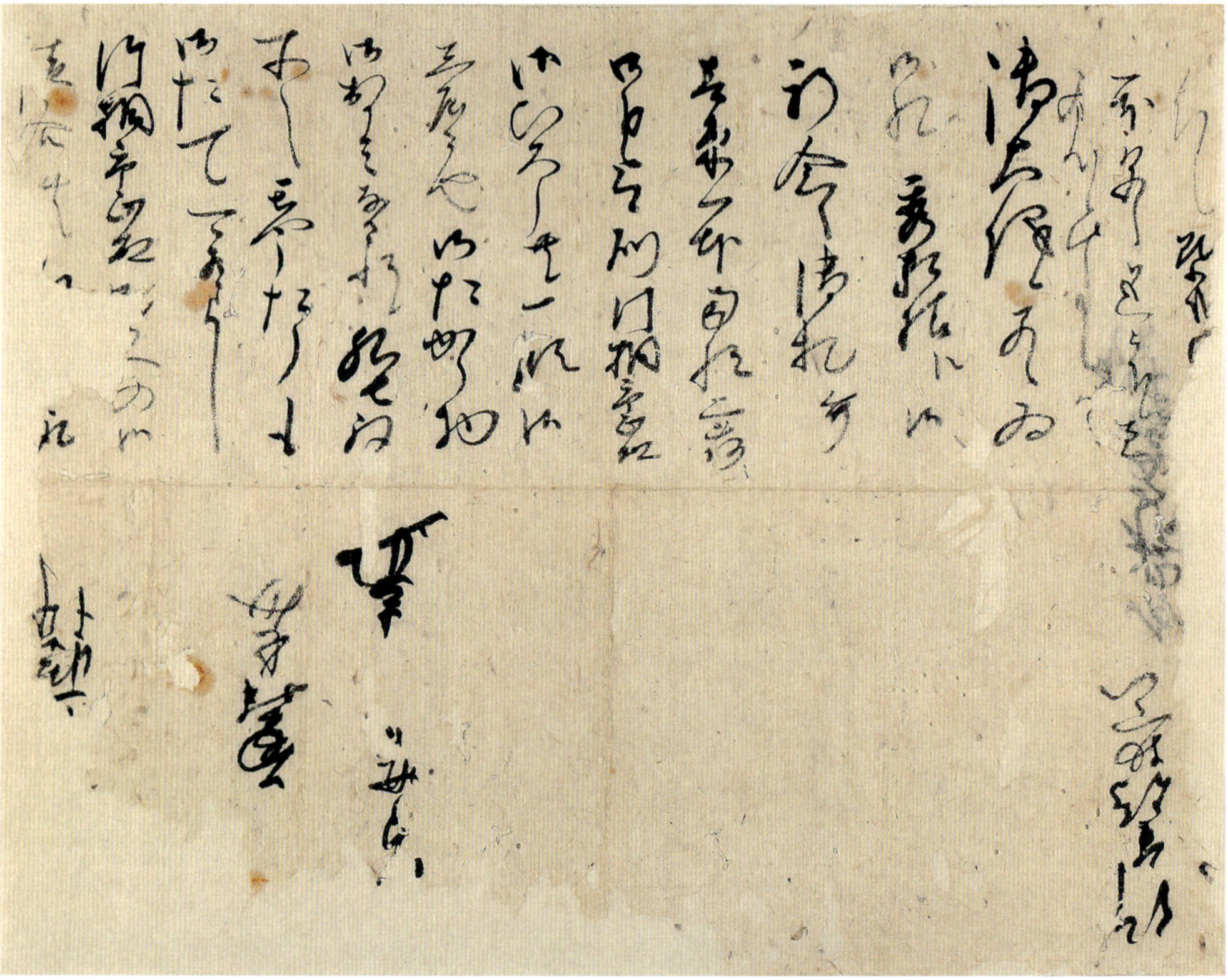

◎33　**雨森長介書状　竹生島惣山宛**　竹生島宝厳寺蔵

本文書は、竹生嶋宝厳寺から豊臣秀頼へ贈られた御札等への礼状である。壹束１本は、杉原紙１束（10帖）の上に末広（扇）１本を添えたもので、当時の代表的な贈答品であった。杉原紙は、播磨国杉原谷（兵庫県多可郡多可町）原産の代表的な楮紙を原料とする和紙である。両種は２種類の贈物のことである。（M）

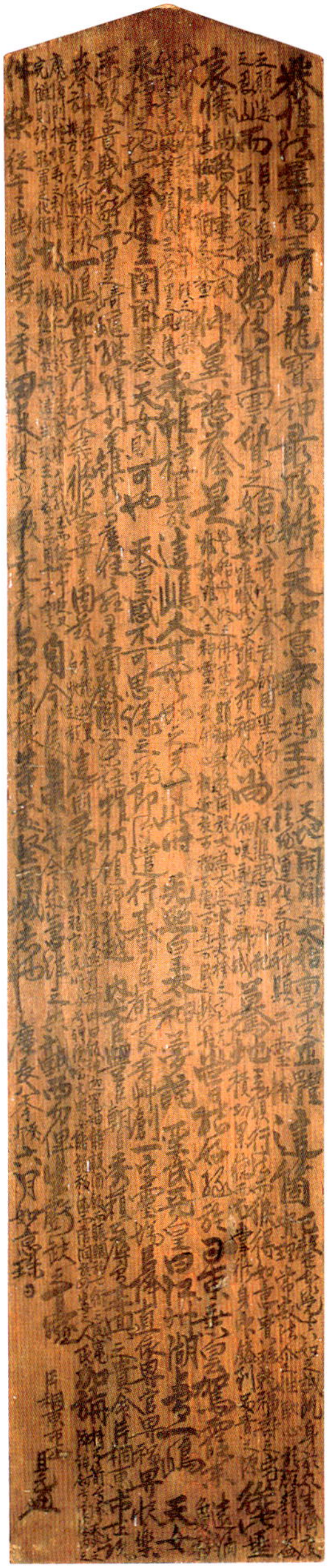

◉34 片桐且元建立棟札 竹生島宝厳寺蔵

35 豊臣秀頼建立棟札 竹生島宝厳寺蔵

竹生島の慶長造営において、且元が奉行としてのぞんだことは、これらの棟札から明らかである。さらに、その下奉行として、雨森長介や大音孝則(市左衛門尉)がいたことがわかる。雨森長介は、35の棟札の裏面にも「奉行」として花押をすえており、慶長七年(一六〇二)の木之本浄信寺の秀頼の復興においても、片桐且元とともに奉行として働いている。大音孝則は且元の義弟で、須賀谷村に居住した。いずれも、当地に居をすえ多忙な且元の代わりに実務をこなしていたと考えられる。

慶長造営は、永禄再建の堂舎に大改造を加え、現在の伽藍の礎を築いた。弁天堂は、永禄十年(一五六七)再建の堂舎の裳階《もこし》―側廻り―五間四方を残し、その中へ三間四方の別の建物を移築した形態をとっている。移築した建物は、従来伏見城の遺構とされてきたが、最近では豊国廟の一部と説明されるのが普通である。観音堂も、それまで桁行三間(または四間)に梁行四間であった建物を、西へ二間(または一間)延ばし五間堂とした。西の入口に同じく豊国廟から移築した唐門を接続するための手直しとみることもできる。東から二間目に須弥壇《しゅみだん》と厨子《ずし》をもつ不自然な内陣は、この西への増設を考えれば、自然に理解される。さらに、弁天堂と観音堂の間に、これも豊国廟の一部とみられる渡廊が設けられている。なお、35の裏面下部には、奉行雨森長介の名とともに、大工権守、小工但馬守の名がみえる。この慶長の大改造にあっても、従来からの竹生島大工職をつとめた阿部権守と西嶋但馬が、実質的な作業を行ったことがわかる。(M)

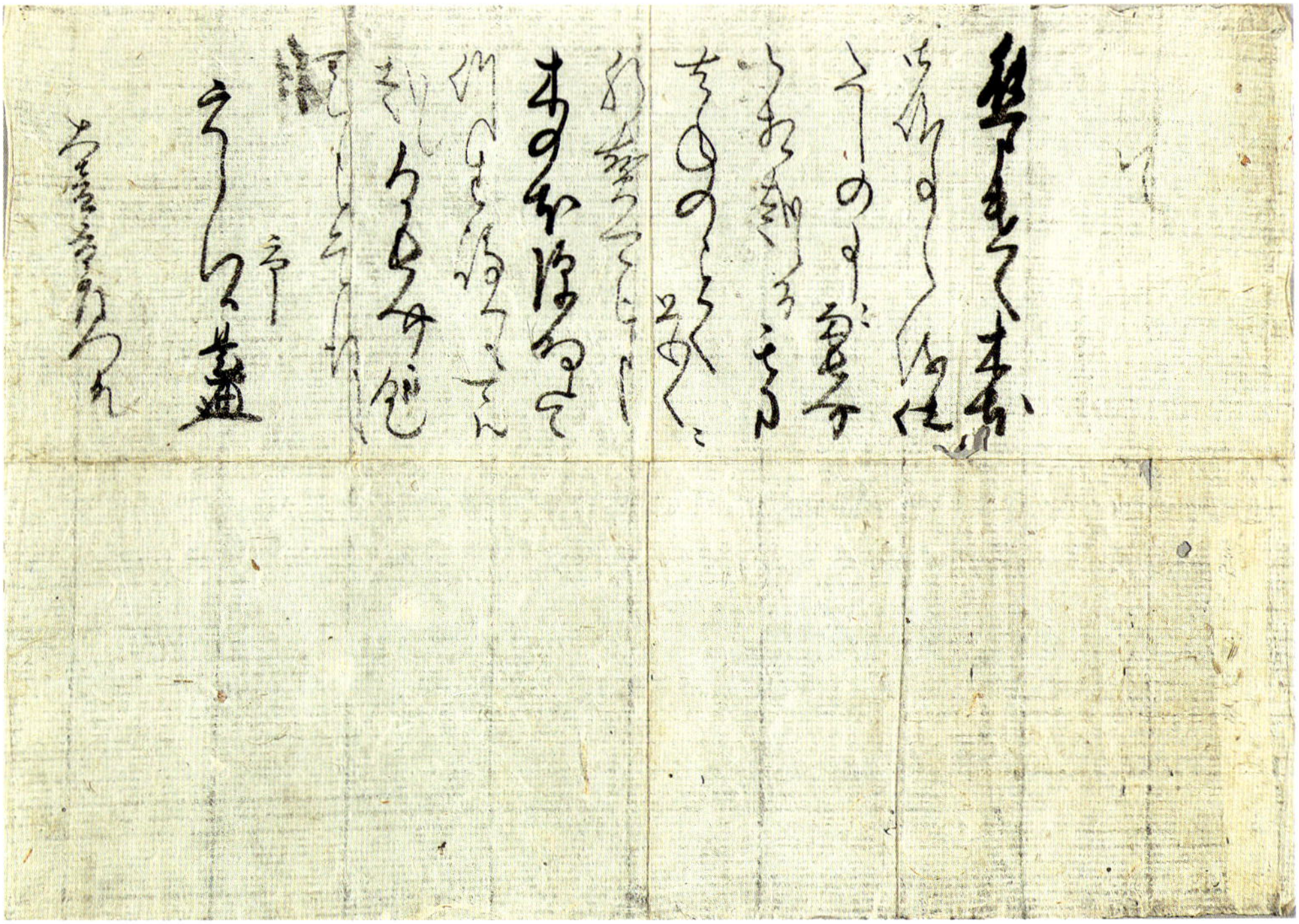

36　片桐且元書状　大音市左衛門宛　本館蔵（片桐圭三氏寄贈）

大音市左衛門は天文21年（1552）に生まれ、片桐孫右衛門直貞の娘と結婚し、且元の義弟となった。須賀谷村（長浜市須賀谷町）に居住し、且元の下奉行として雨森長介とともに、慶長６年から８年（1601 ～ 1603）にかけて竣工する木之本浄信寺・竹生島の再建に力をつくしている。この書状は、慶長６年に書かれたものと推定され、浄信寺の再建と竹生島の復興作業が平行して進められていたことが読み取れる。（T）

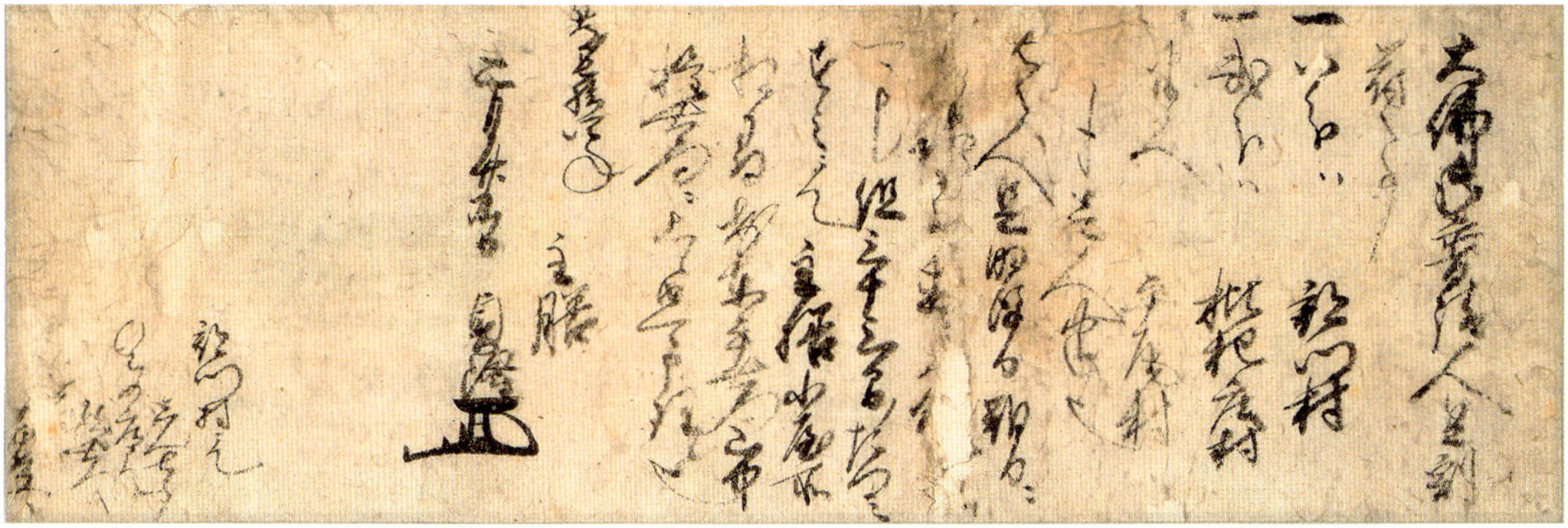

37　片桐貞隆大仏普請人足割符　郡つ村しん七郎・ひわの庄孫右衛門他一名宛　大阪城天守閣蔵

片桐且元の弟貞隆が、方広寺大仏普請のため支配下の３つの村に対して人足を割り当てたもの。貞隆は秀頼に仕え、且元とともに南禅寺の仏堂の再興をした他、住吉神社造営にも携わるなど様々な寺社復興を担っている。方広寺は秀吉創建の寺であるが地震で倒壊し、秀頼が復興を指示していた。

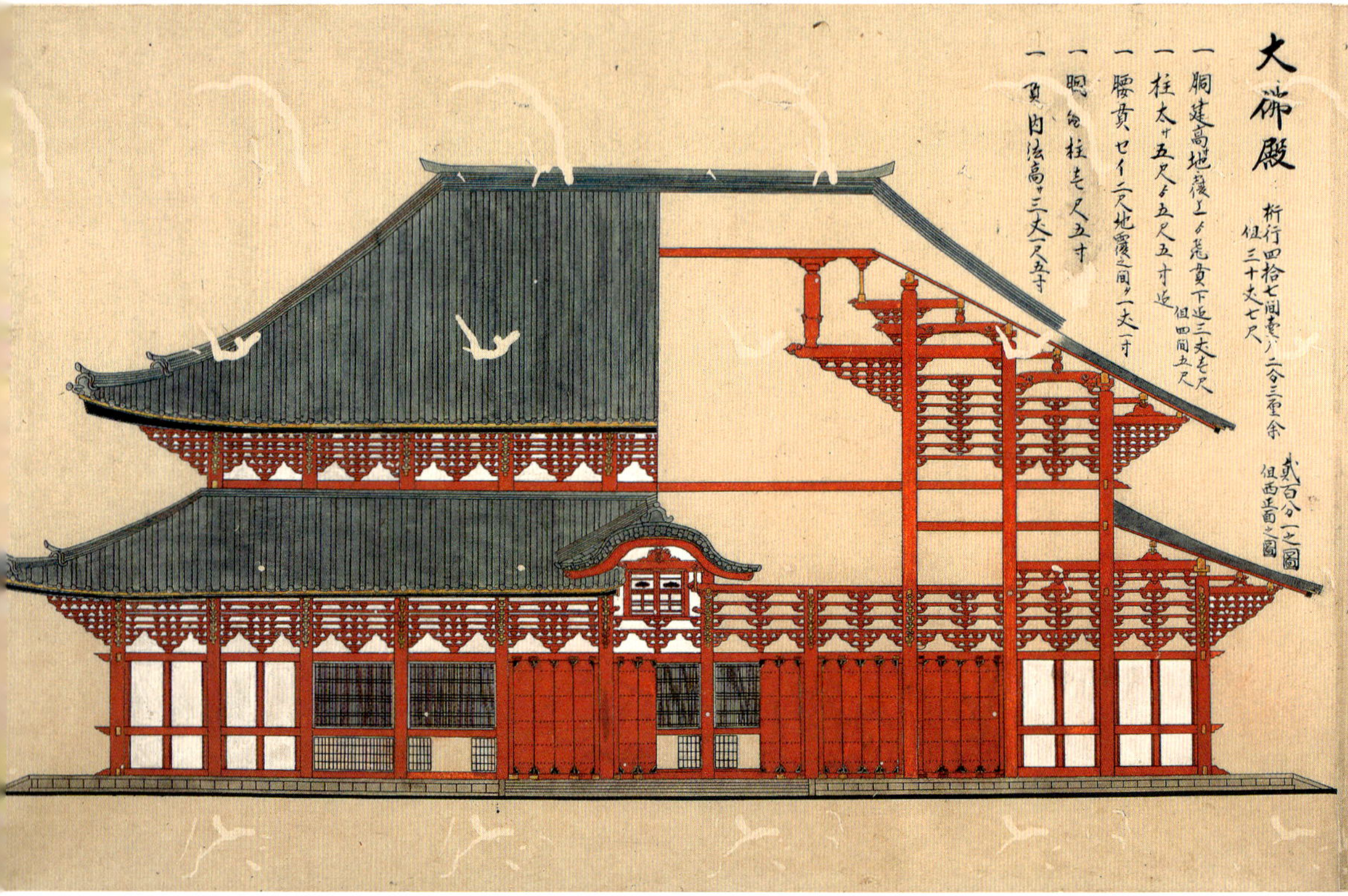

◎38　**方広寺大仏殿諸建物幷三十三間堂建地割図**　中井正知氏・中井正純氏蔵　大阪くらしの今昔館寄託
（撮影：京極寛氏）

重要文化財「大工頭中井家関係資料」の建築指図。方広寺仁王門・大仏殿・廻廊・鐘撞堂・蓮華王院三十三間堂の建地割図。大仏殿は200分の１で描かれる。柱は通し柱で挿肘木が入る大仏様で建てられている。西側正面が描かれ、左側に建物外観、右側上部は外からは見えない内部構造の組物を描く。方広寺は、天正14年（1586）に秀吉が東大寺にならって創建した。しかし、地震による崩壊や再建中の出火など度重なる不運に見舞われる。慶長17年（1612）に、大工頭中井大和守正清を棟梁として完成している。この方広寺の鐘銘により片桐且元の運命は左右される。

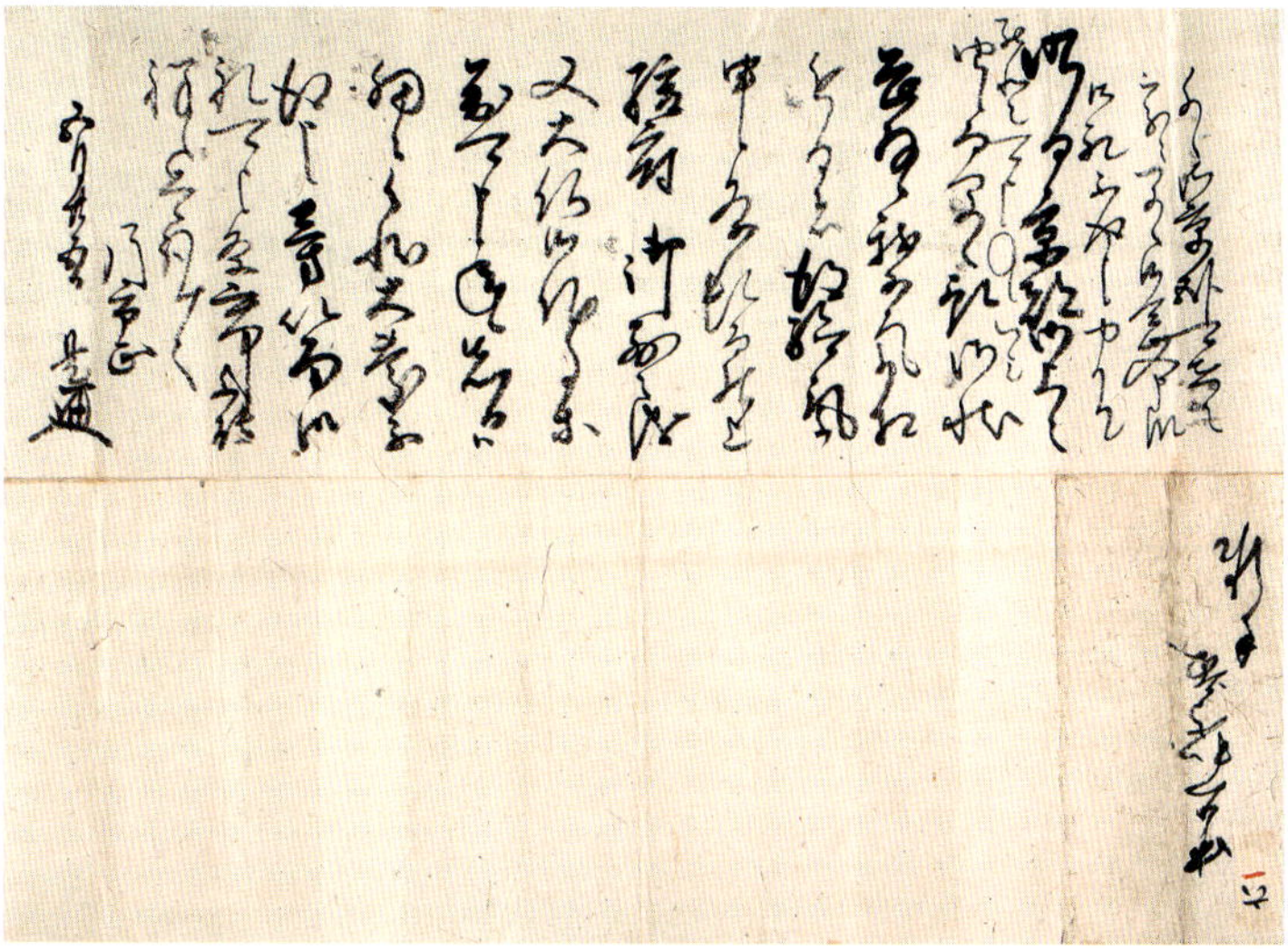

◎39　**片桐且元書状　中大和守宛**　中井正知氏・中井正純氏蔵　大阪くらしの今昔館寄託（撮影：京極寛氏）

重要文化財「大工頭中井家関係資料」の文書。片桐且元から中井大和守に宛てた書状で京都東山に秀吉が創建した方広寺作事のことに触れている。豊臣秀頼は方広寺大仏再建にあたり、慶長14年（1609）に片桐且元を奉行、中井正清を大工棟梁に任じている。中井正清は、大和法隆寺に生まれ、天正16年（1588）に徳川家康に召し抱えられる。慶長５年（1600）には五畿内と近江の大工・大鋸の支配を仰せつけられ、従五位下大和守に、慶長17年（1612）には従四位下に昇進した人物。方広寺大仏再建には大工3,000人、木挽2,000人を動員して工事を進めた。

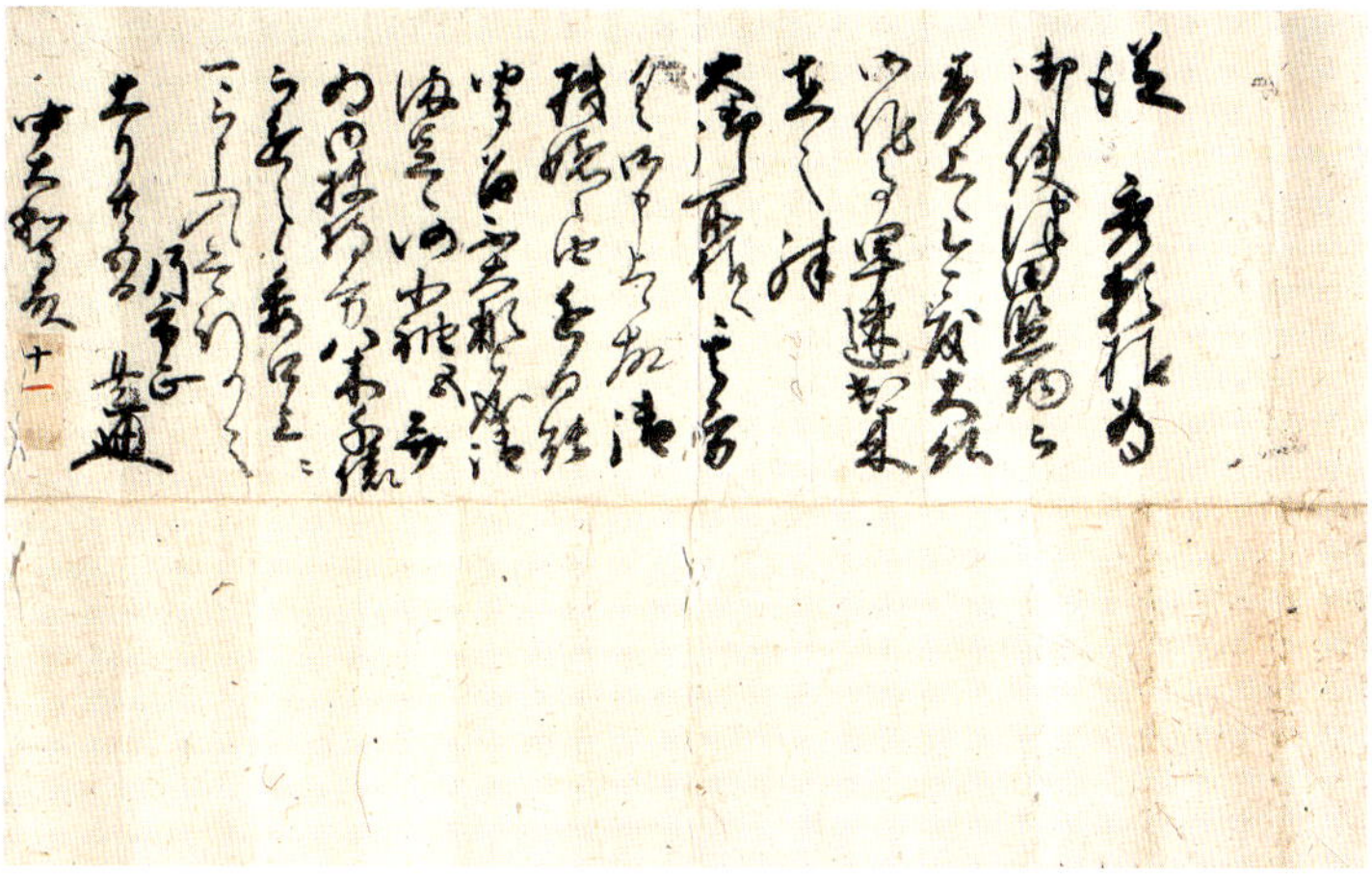

◎40　**片桐且元書状　中大和守宛**　中井正知氏・中井正純氏蔵　大阪くらしの今昔館寄託（撮影：京極寛氏）

重要文化財「大工頭中井家関係資料」の文書。片桐且元が中井大和守に宛てた書状で方広寺について触れ、小袖、八木を徳川家康に寄進したことを述べる。方広寺は、慶長15年（1610）6月12日に地鎮祭を行い、慶長17年（1612）4月、5月頃には完成に近づく。豊臣秀頼も慶長16年（1611）3月に二条城で徳川家康と会見した際に方広寺を視察し大坂城に帰っている。

（左隻）

（右隻）

41 洛中洛外図屏風 金沢市立安江金箔工芸館蔵

京都の市中と郊外の様子を描いた「洛中洛外図屏風」。室町時代後期に成立し、以降さまざまな形に発展し、江戸時代まで数多く制作された。通常は、六曲一双の屏風に描かれ、京都の景観を俯瞰的に捉え、そこに四季の移ろいや名所・旧跡、祇園祭などの祭礼を織り込む。人々の生活の様子のほか、建築物は政治権力を象徴しており、当時の時世粧が伺える。

本図を描く視点は低く、描かれる町並みも限定されている。右隻は右から清水寺、三十三間堂、方広寺大仏殿が描かれ、市中を巡礼する祇園祭の山鉾の一部が描かれる。左隻は、右から金閣寺、寛永３年（1626）年の後水尾天皇の二条城行幸の様子と二条城、左上には郊外の様子が描写される。右隻に豊臣家の象徴である方広寺大仏殿を、対する左隻には徳川家の象徴である二条城を同程度の大きさで配しており、慶長８年（1603）以降に制作された洛中洛外図屏風の特徴を持つ。

絵師の岩佐勝重（1613 ？～ 1673）は、岩佐又兵衛（1578 ～ 1650）の子。福井藩のお抱え絵師として活躍し、寛文９年（1669）には、再建された福井城の鶴の間の襖絵《群鶴図》を手がけた。（O）

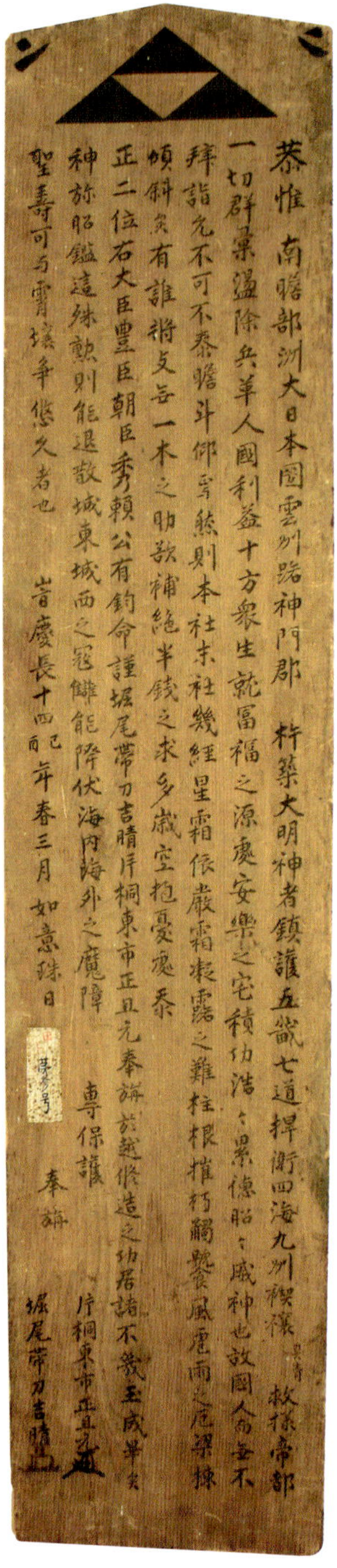

◉42 **慶長本殿棟札** 出雲大社蔵

出雲大社の慶長期の造営時の棟札。この造営は豊臣秀頼の命で、片桐且元と松江藩堀尾忠晴の後見人である堀尾帯刀吉晴が造営奉行となり行われた。

杵築大明神は五畿七道を鎮護し、争いを払い、万民に福徳安穏をもたらす神威明らかな神として讃える。また、秀頼が願主となり造営することで城東城西の寇讎を退散し、海内海外の魔障を降伏させ、天皇の寿命が長く続くよう願う内容である。（T）

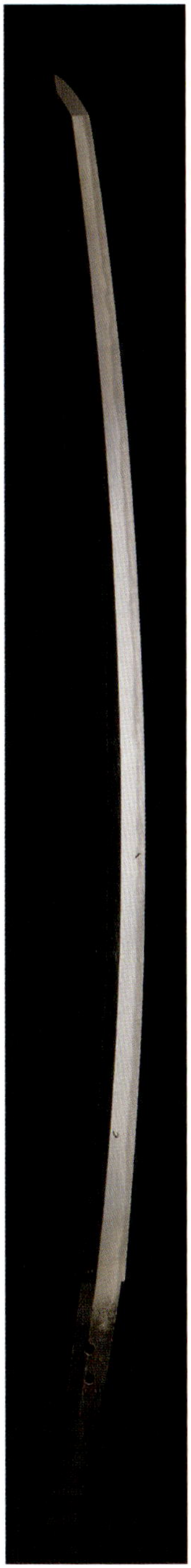

◎43 **太刀 銘光忠** 出雲大社蔵（写真提供：島根県立古代出雲歴史博物館）

この太刀は、備前国長船村（岡山県邑久郡長船町）の鍛冶・光忠の作刀である。光忠は、鎌倉時代中期に活躍した長船派の始祖である。本刀は、体配は細身で中鋒となる。鍛（地鉄）は、小板目肌がよくつみ、乱れ映りが鮮やかに立つ。刃文は、小丁子乱れの比較的おとなしい刃文を焼き、初期長船派の特徴をよく表している。豊臣秀吉佩刀と伝え、慶長十四年（一六〇九）杵築大社遷宮に際して宝剣として豊臣秀頼が奉納した太刀である。光忠の作刀は、織田信長がことのほか愛好し、二十五口も所蔵していたと伝える。（M）

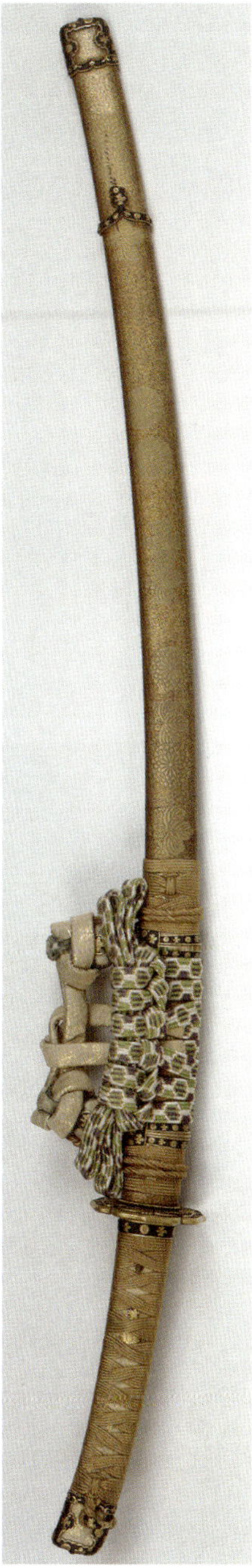

◎44 **菊桐紋蒔絵糸巻太刀拵** 出雲大社蔵（写真提供：島根県立古代出雲歴史博物館）

43に付属する拵で、糸巻太刀拵で、はじめは武家の儀仗として用いられ、後に大名間の贈答用や寺社への奉納にしばしば使用された。天正年間（一五七三～九二）頃にはあらわれ、近世には大名の儀仗として用いられたと考えられる。柄と渡巻の部分を茶色の組糸で巻き、柄に冑金・猿手・目貫・縁金物をつける。鐔は葵形で大切羽・小切羽がつき、鞘には足金物・太鼓金・責金・石突（鐺）が付属する。鐔や帯取りの足金物・兜金・縁・石突などの金物は、紫黒色の赤銅（烏金）で、魚子地に菊桐紋を掘り出し金薄板を着せる色絵で加飾している。鞘は全体に金梨地塗とし、五七桐紋と菊紋を金の高蒔絵で表現している。

鐔・大切羽に「光徳（花押）」の銘があり、この太刀拵は本阿弥光徳の作と伝えている。蒔絵は、秀吉の妻・北政所の菩提寺・高台寺に伝来した高台寺蒔絵と比較しても遜色なく、秀吉遺愛・秀頼奉納品の伝承は相違ないと考えられる。（M）

（左隻）

（右隻）

（写真提供：島根県立古代出雲歴史博物館）

45　三月会神事図屛風（流鏑馬・花女図）　出雲大社蔵

出雲大社は、豊臣秀頼が復興した寺社の一つ。慶長14年（1609）に秀頼が願主となって本殿の造営が行われた。その後、寛文７年（1667）、徳川四代将軍・徳川家綱を願主に、慶長期の造営を上回る規模で新本殿の造営が実施された。本作は、出雲大社の慶長期の本殿前宰三面の障壁画をもとに、松江出身の絵師・狩野安成（落合利兵衛）らが模写し、部分的に修正を加えて仕上げたもの。大正時代になって現在の屛風に仕立て直された。画面に金雲を大きく配し、その隙間から、右隻画面手前に花女を、左隻手前には流鏑馬と競馬の様子を描き、それぞれ画面奥に出雲大社周辺の景観を描写している。（O）

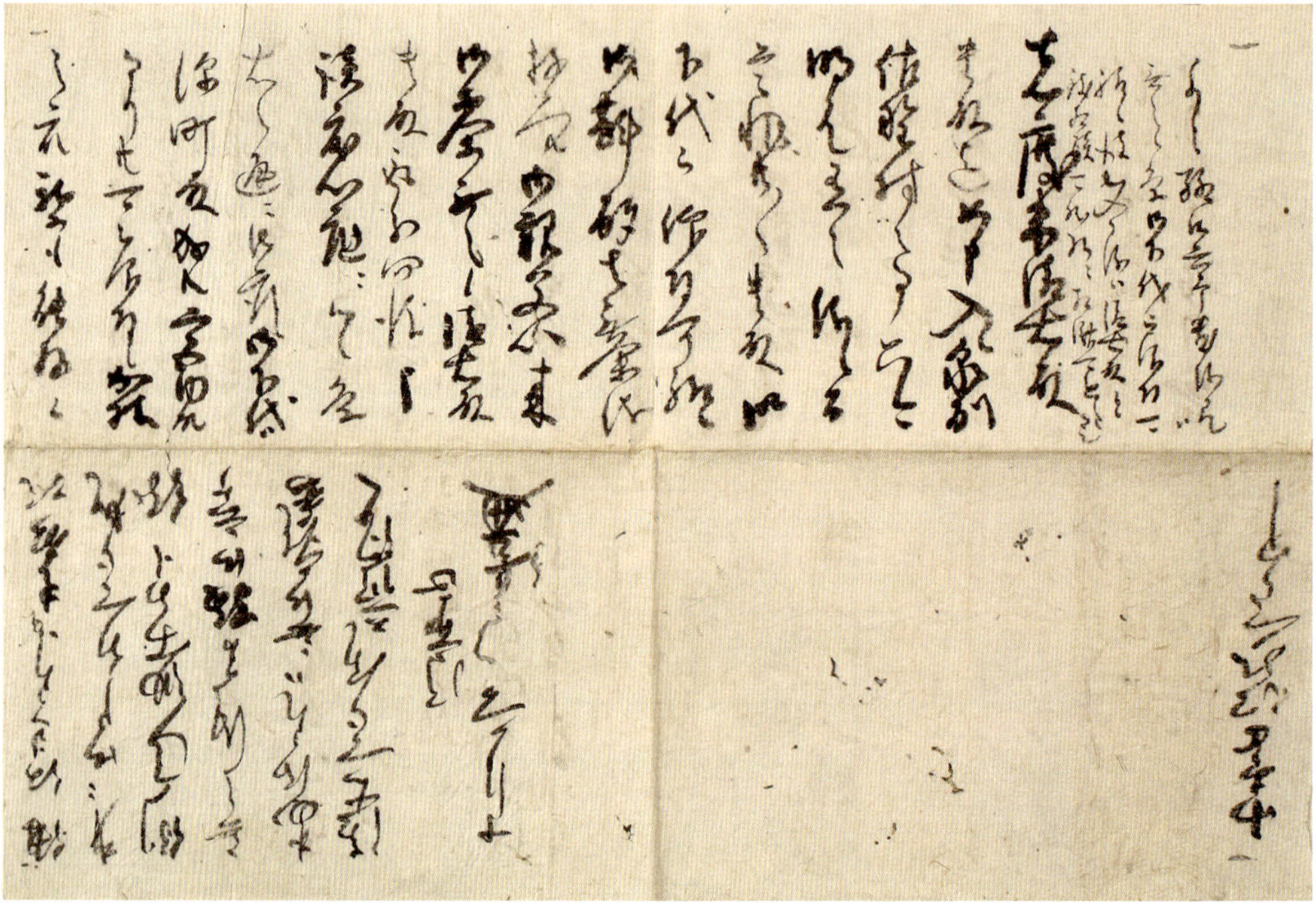

67　片桐且元書状　小堀政一宛　個人蔵

片桐且元から小堀政一（遠州）宛に出された書状。年不詳であるが、小堀政一が遠江守に任官した時期、本文書で問題となっている泉佐野村の支配が、慶長14年（1609）のものと思われる他文書で解決されていることから、本書状も慶長14年のものと推定される。且元は徳川方の国奉行として摂津・河内・和泉の３ヶ国を支配しており、各地の開発工事だけでなく、村落間の争いの裁許にも関わっていた。（T）

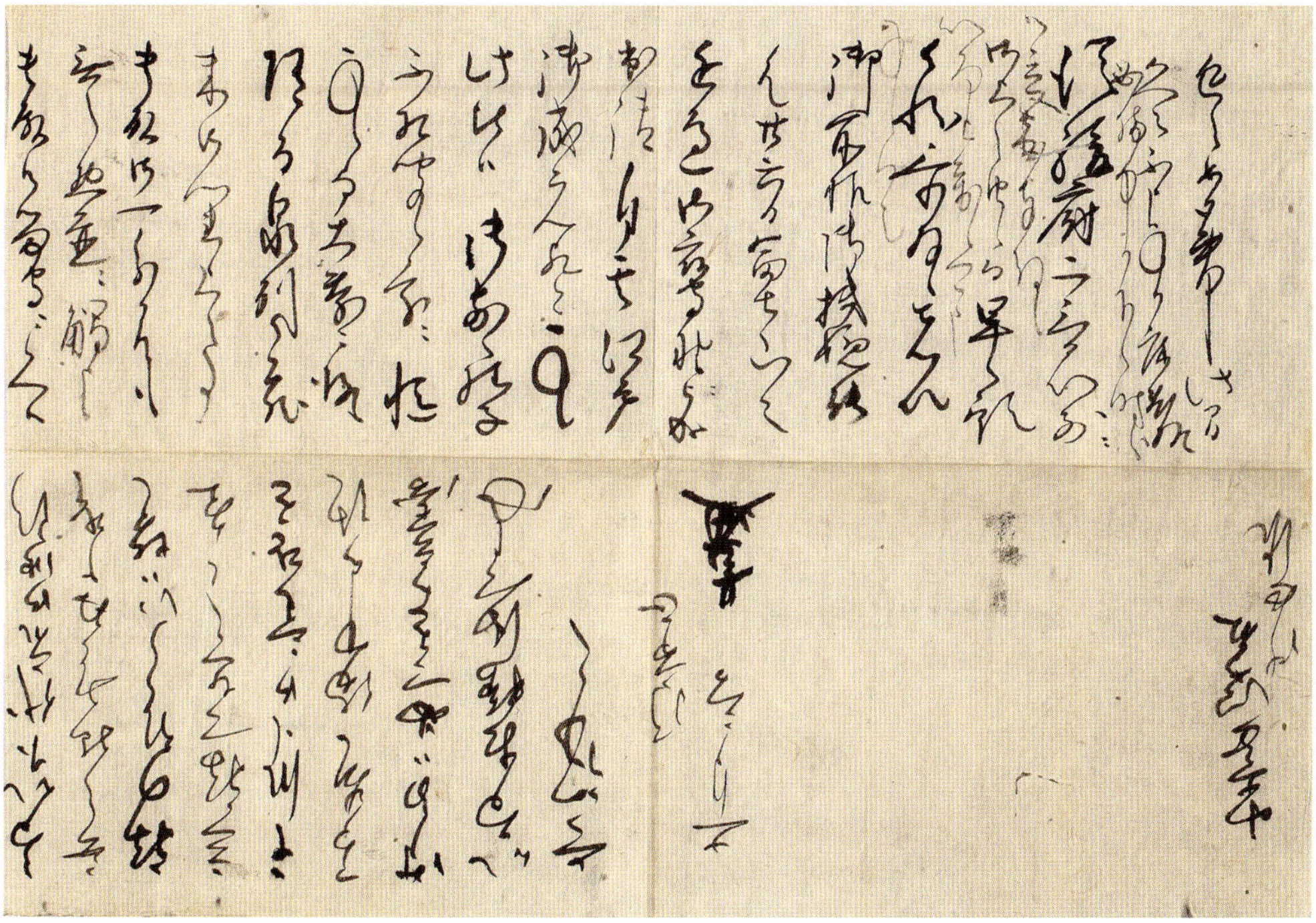

47 片桐且元書状 小堀政一宛 個人蔵

小堀政一は和泉国の徳川直轄領の代官でもあった。本書状は片桐且元が政一へ駿府の徳川家康から指示された「泉州の蔵米を運上すること」を通達するよう命じたものである。且元が家康からの指令をどのようにして、各代官たちに伝えていたかがわかる資料となっている。

年代については政一の「遠江守」任官の時期、家康が10月26日に鷹狩りのために駿府を発ったのは慶長14年（1609）のみであることから、その年の書状と考えられる。（T）

コラム

片桐且元の居城—茨木城—

牛谷好伸

写真１　茨木城楼門を移築した慈光院山門

茨木城は、現在の大阪府茨木市(旧摂津国)に所在した城である。ここは、山陽道や淀川の水運など交通の要衝として賑わっていた場所で、過去に何代もの城主が存在した。中でも茨木氏は、この城を居城に百四十年ほどの期間にわたって、この地域を治めた国人領主である。城郭の形式は、方形館の平城と考えられている。

当地で長く繁栄した茨木氏であったが、元亀二年(一五七一)池田氏と織田信長が争った白井河原の合戦において滅亡の道を辿ってしまう。茨木氏亡き後は、中川清秀が天正五年(一五七七)に新庄城(大阪市東淀川区)から茨木城に入城することになる。中川清秀は、池田氏に仕えていた武将で、白井河原の合戦において荒木村重とともに信長方の和田惟政《これまさ》と争い勝利している。

中川清秀が茨木城に入城してから、城郭の周囲に武家屋敷、さらにその周りに町を形成し、周囲を堀で囲む惣構えの城下町として整備したと考えられている。

しかし、中川清秀も天正十一年(一五八三)賤ヶ岳合戦において戦死し、遺髪は茨木市の梅林寺に葬られた。清秀の死後、長男の秀政が茨木城主となるが、天正十三年(一五八五)三木城(兵庫県)に転封する。城は豊臣秀吉の直轄地となり、代官として安威《あい》了佐《りょうさ》が同年に、河尻秀長が文禄二年(一五九三)に入城することになった。

片桐且元・貞隆が入城したのは、文禄四年(一五九五)のことであった。(関ヶ原合戦の翌年、慶長六年(一六〇一)という説もある)しかし、元和元年(一六一五)、一国一城令によって、茨木城は徳川家の直轄地となり、片

写真２　やり戸・明かり障子出土状況

写真３　おさ欄間（大）出土状況

写真４　おさ欄間（小）出土状況

桐貞隆が大和小泉に移る際、残っていた建物は破却され、茨木城は地上から姿を消すことになる。

しかし、茨木城の遺構と言われる楼門は、奈良県大和郡山市の慈光院の山門として、場所を変えて引き継がれている。また、茨木神社には、茨木城の搦手門と伝わる門（茨木神社東門）が伝わり、境内には土塁の痕跡が残るなど、在りし日の茨木城の姿を描き出すことができる。

平成十八年（二〇〇六）度に茨木城に関わる大きな発見があった。茨木城の堀と考えられる場所の発掘調査により大量の木製品が出土したのである（列品番号13）。出土した木製品は建物の建具である明かり障子や板戸、おさ欄間で、唐津焼などの陶磁器が一緒に出土している。茨木城の建具の可能性がある資料であり、これまで、茨木城の位置を巡って様々な推定があるのに対して新たな光を灯してくれる発見となった。地面の下には、まだまだ多くの歴史が眠っている。今後の発見を期待したい。

（写真2～4　茨木市立文化財資料館提供）

Ⅵ 大坂の陣

方広寺鐘楼

北野天満宮造営の後、豊臣家による復興が進んでいた方広寺であるが、慶長十九年（一六一四）七月二十一日、この鐘銘をめぐり徳川方は文句をつけることになる。家康は銘文中に関東不吉の語有りとして、二十六日に方広寺の上棟と開眼供養を延期せよとの指令を出したのである。この情報は、京都所司代の板倉勝重へと伝えられ片桐且元の耳にもすぐに届いた。供養の準備が進んでいた中での延期は、町の人々の話題にもなった。

且元は、八月十三日に方広寺の経過を徳川家康に説明するため駿府へと向かい、八月十七日に駿府に近い丸子宿に到着する。方広寺の鐘銘を撰した南禅寺の僧・清韓は家康によりただちに拘禁されるが、且元は宿内の誓願寺にとどまり十九日に駿府に入り、本田正純らを通じて意思を徳川家康に伝えている。徳川方の要求が無理難題であることを認識しながら、交渉を一ヶ月余り続けたのである。

しかし、長引く且元の交渉に痺れを切らした豊臣方は、大野治長の母・大蔵卿局らを駿府に派遣する。そして徳川方の罠にははまることになるのである。徳川家康は穏健派の且元には厳しく、一方で大蔵卿局ら強硬派には柔軟に対応することにより豊臣方の分裂を図ろうとした。且元は九月十二日に駿府を発ち、九月十六日には土山宿で大蔵卿局と出くわすことになる。徳川家康の罠にはまった大蔵卿局らはこの時の会合で、且元への不審感を強めるのである。且元は九月十八日に大坂城に戻るが、豊臣方から裏切り者とみなされ、殺害の計画まで立てられてしまう。豊臣家存続のため良かれと思い動いてきた且元であったが、予想を裏切られ、慶長十九年（一六一四）十月一日、ついに且元と弟貞隆は大坂城から退去することになった。

且元が大坂城を退去した十月一日、徳川家康は大坂城への攻撃を決定している。十月二十三日に二条城に到着した徳川家康

惣黒熊毛植具足（片桐且元所有）　大阪市立美術館蔵
（写真提供：大阪城天守閣）

は、且元らに大坂城包囲の先鋒を命じ、十一月五日には大坂城の包囲を開始する。大坂城は四方から囲まれ、十二月二十二日には和議が成立する。

且元は、大坂冬の陣後に加増を受け、山城・大和・河内・和泉の四万石を領地とすることになる。

いったん和議が成立した大坂の陣であったが、再び合戦の火ぶたが切られ、大坂夏の陣が開戦する。且元は、大坂城南方の岡山口の前田利常を中心とした部隊のそばに備えた。堀を埋められていた大坂城は籠城戦ができず、有力武将は次々に戦死する。元和元年（一六一五）五月八日、秀頼と淀殿の死によって大坂の陣は終結するのである。こうして且元が望み、存続をかけて東奔西走した豊臣家は滅亡した。

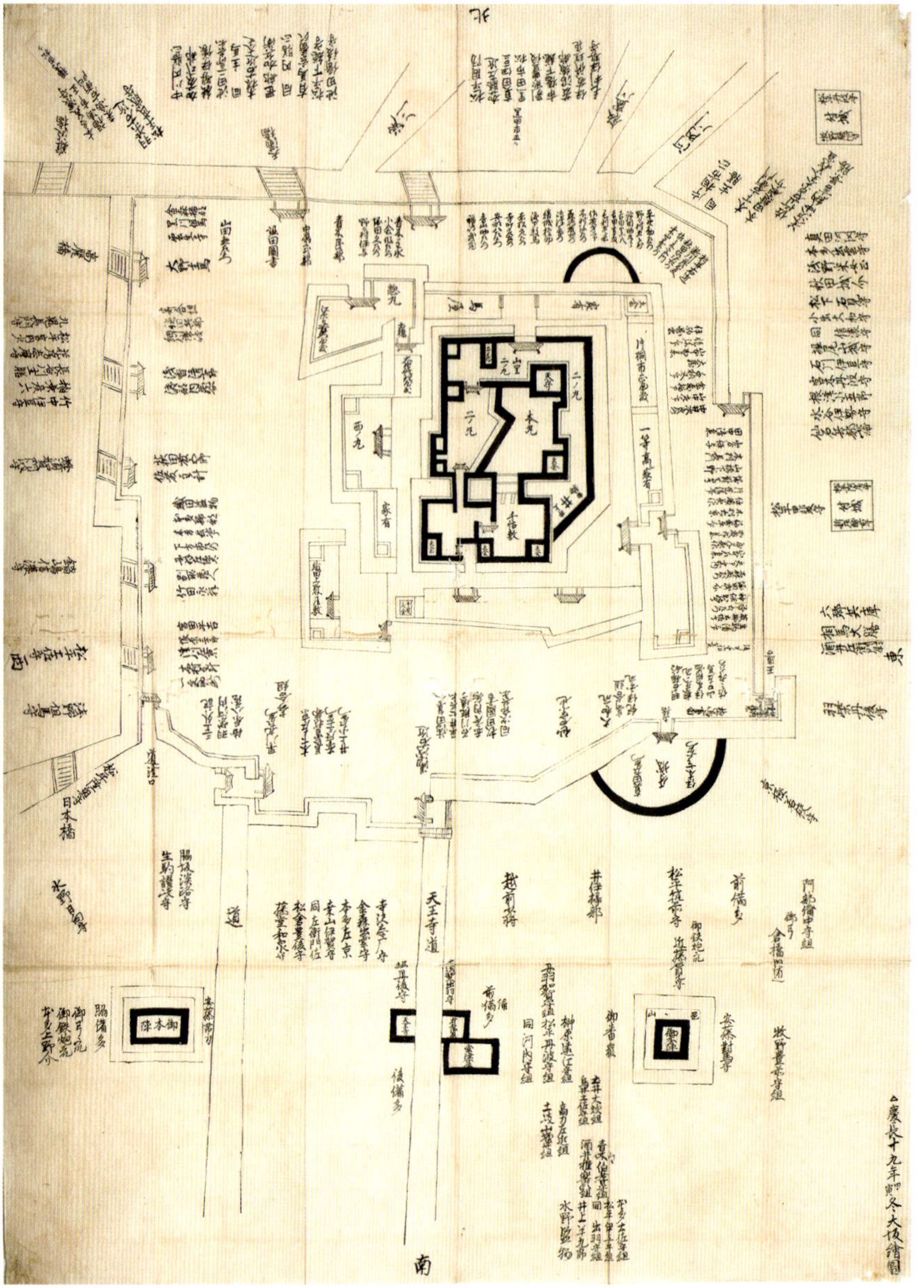

◎48　**慶長十九年甲寅冬　大坂絵図**　中井正知氏・中井正純氏蔵　大阪くらしの今昔館寄託（撮影：京極寛氏）

重要文化財「大工頭中井家関係資料」の絵図。大坂冬の陣における陣立書で、豊臣氏の居城大坂城に徳川方が四方から取り囲む状況がわかる。大坂城の門は立体的に描かれ、本丸などは太い黒線で描かれる。方広寺鐘銘事件で大坂城を退去した片桐且元は、河内川の東側から弟貞隆とともに大坂城を攻める。目の前の城内には、「片桐市正屋敷」と表記された自身の屋敷があり、複雑な気持ちであったろう。

城の南側には「牙城」と書かれた出丸が存在する。この出丸は真田丸とも呼ばれ、守る武将は真田幸村である。

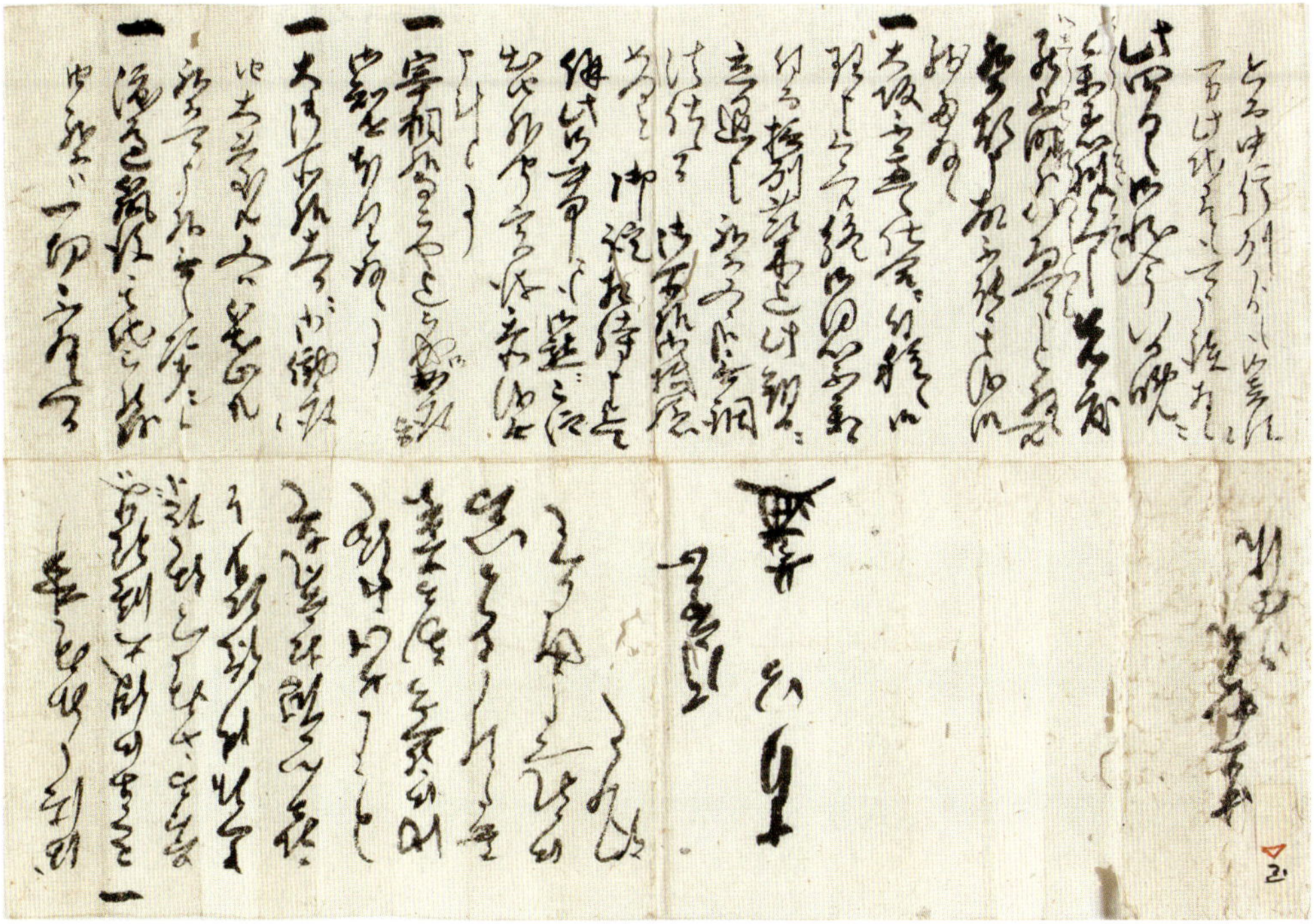

◎49　**片桐且元書状　中大和守宛**　中井正知氏・中井正純氏蔵　大阪くらしの今昔館寄託（撮影：京極寛氏）

重要文化財「大工頭中井家関係資料」の文書。片桐且元が中井大和守に宛てた書状で、方広寺鐘銘事件について、豊臣秀頼ら大坂方に説明しても理解してもらえず茨木城へ立退いたことを記す。且元は、方広寺の鐘銘問題で豊臣家と徳川家の間で調整を行い、豊臣家の存続を願っていた。しかし豊臣方から裏切り者と思われ、大坂城から退去せざるを得なくなってしまう。本書状は大坂城を立ち退いた日から７日後のものであるが、数日後には大坂方が徳川方の守る堺へ押し寄せ、且元も軍を出し大坂方と戦うことになる。

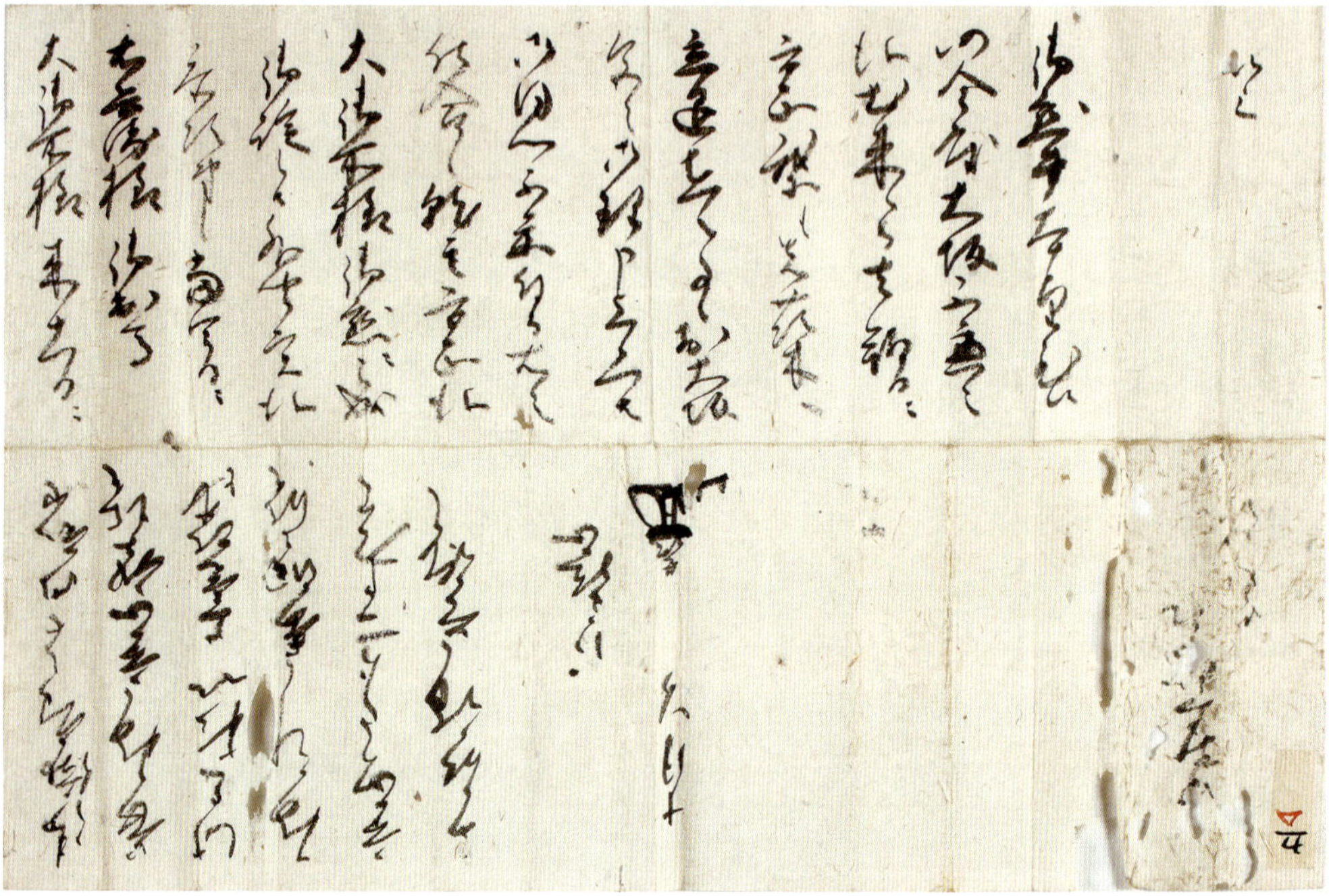

◎50　**片桐貞隆書状　中井大和守宛**　中井正知氏・中井正純氏蔵　大阪くらしの今昔館寄託（撮影：京極寛氏）

重要文化財「大工頭中井家関係資料」の文書。片桐且元の弟貞隆が中井大和守に宛てた文書で、貞隆も豊臣秀頼ら大坂方に説明したが理解されず、茨木城に退去したことを記す。片桐貞隆は、天正13年（1585）従五位下主膳正に叙任し、関ヶ原合戦の後、１万石を与えられ大和小泉藩の基礎を築く。息子貞昌は片桐石州とも呼ばれ、４代将軍徳川家綱の所望により点茶を献じ、茶器を鑑定する。以後、職を辞すまで将軍家の茶道宗匠をつとめた。

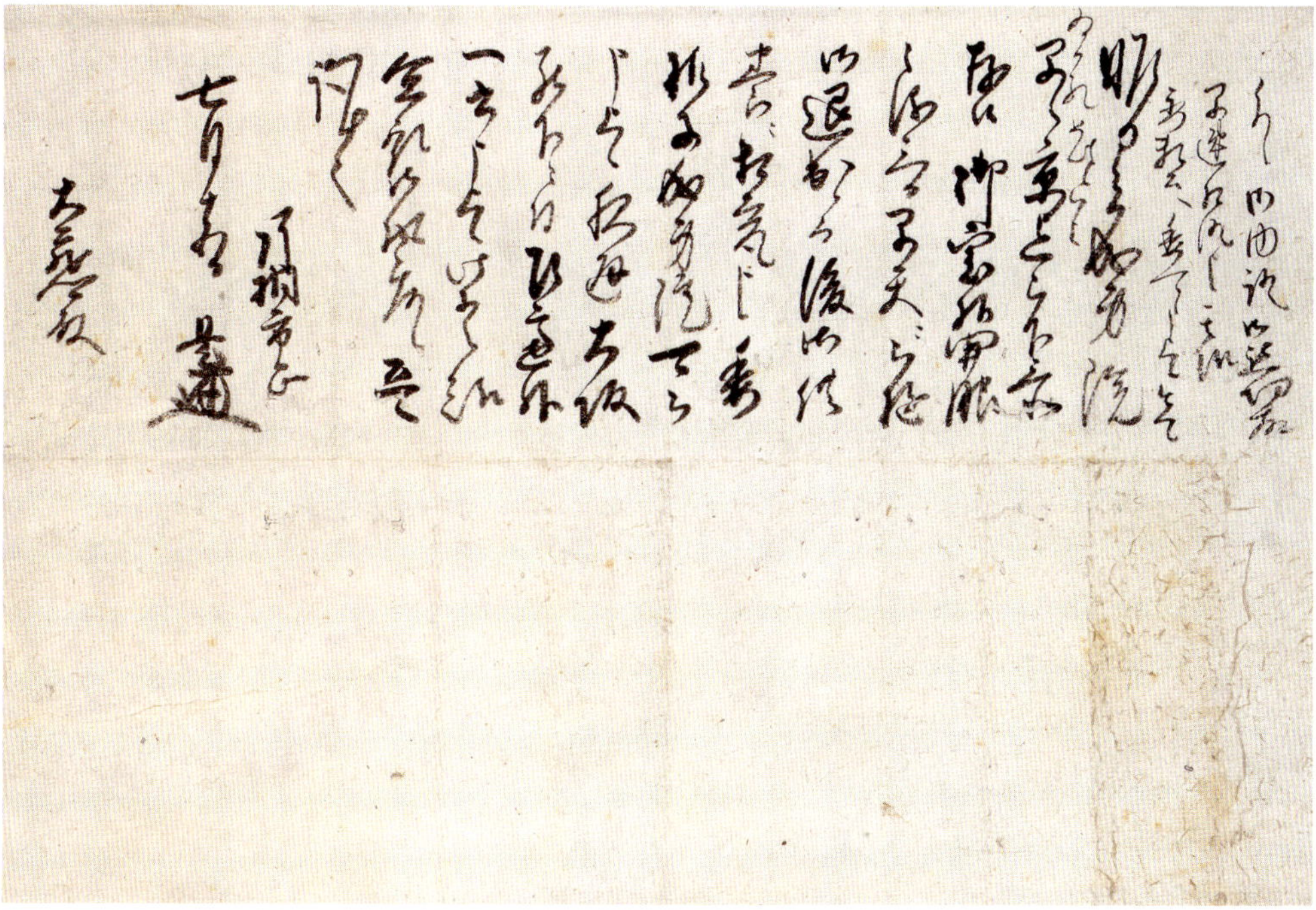

51　片桐且元自筆書状　大蔵卿宛　大阪城天守閣蔵

方広寺大仏の開眼供養・大仏殿の竣工供養は豊臣方と徳川方で意見が異なり難航していた。本書状は片桐且元と板倉勝重が会談し、大仏開眼供養と大仏殿供養を同日に執り行うことに決め、その内容を真言宗醍醐寺三宝院義演に伝えたもの。大蔵卿は義演の窓口役である。しかし、この案はこじれ、鐘銘事件が起きる。

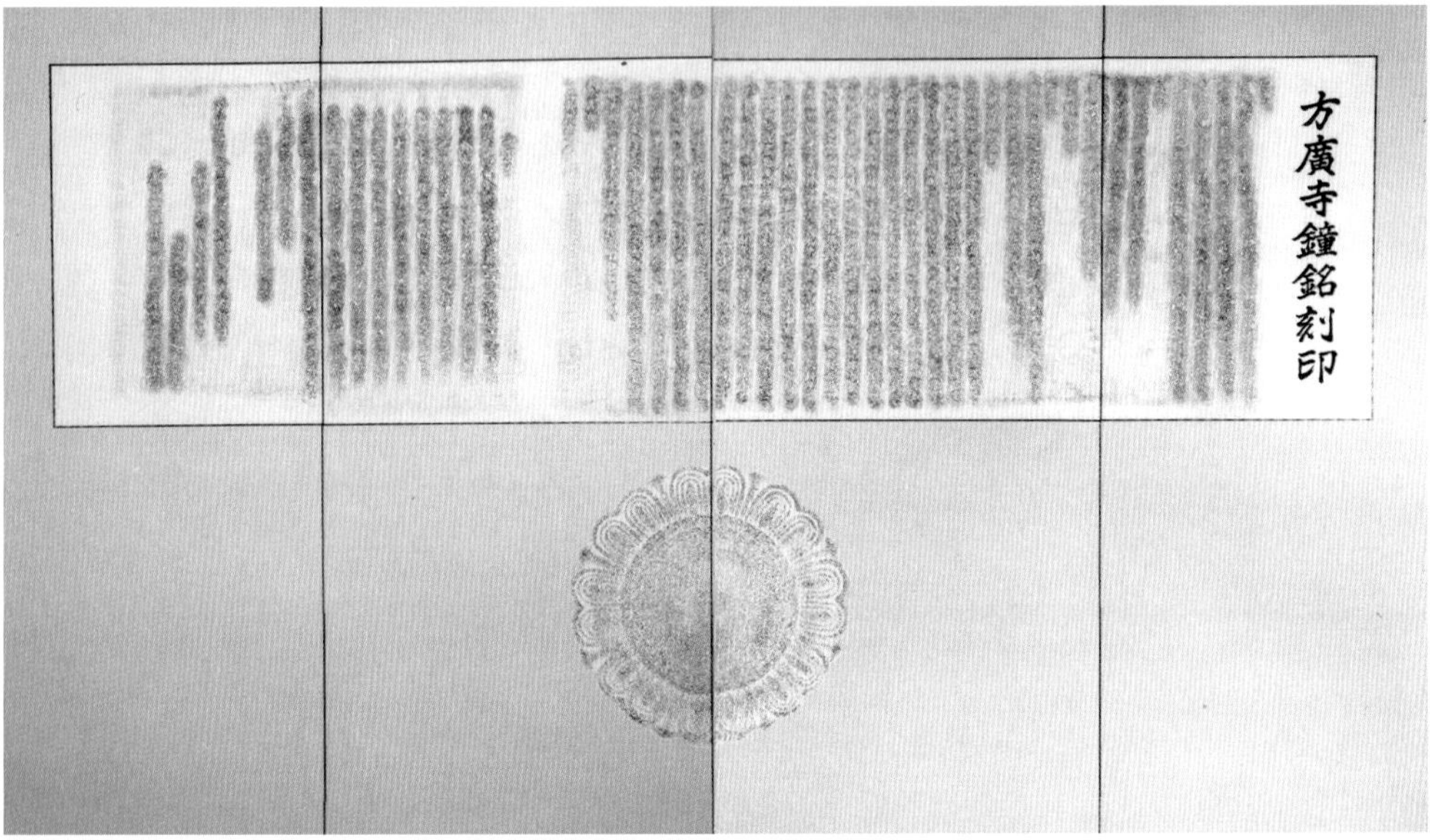

52　**方広寺鐘銘刻印拓本屏風**　大阪城天守閣蔵

方広寺の梵鐘は、慶長19年（1614）３月に片桐且元が全国から鋳物師たちを集め、４月16日に完成した。高さ3.24m、口径2.88m、銅使用量63.75ｔという巨鐘である。銘は南禅寺の僧である清韓に命じて選定させている。しかし、大仏鐘銘に関東不吉の語があり、上棟の期日が吉日ではないと徳川家康は怒り、鐘銘事件へと発展する。できあがった方広寺の鐘銘に「国家安康」・「君臣豊楽」という文字があることがその理由である。徳川家康は五山僧に批判させ、豊臣氏の失態を世間に明らかにしたかったのである。準備が整っていた供養は延期され、京都の民衆も衝撃を受けた。その後、且元の正念場が訪れる。

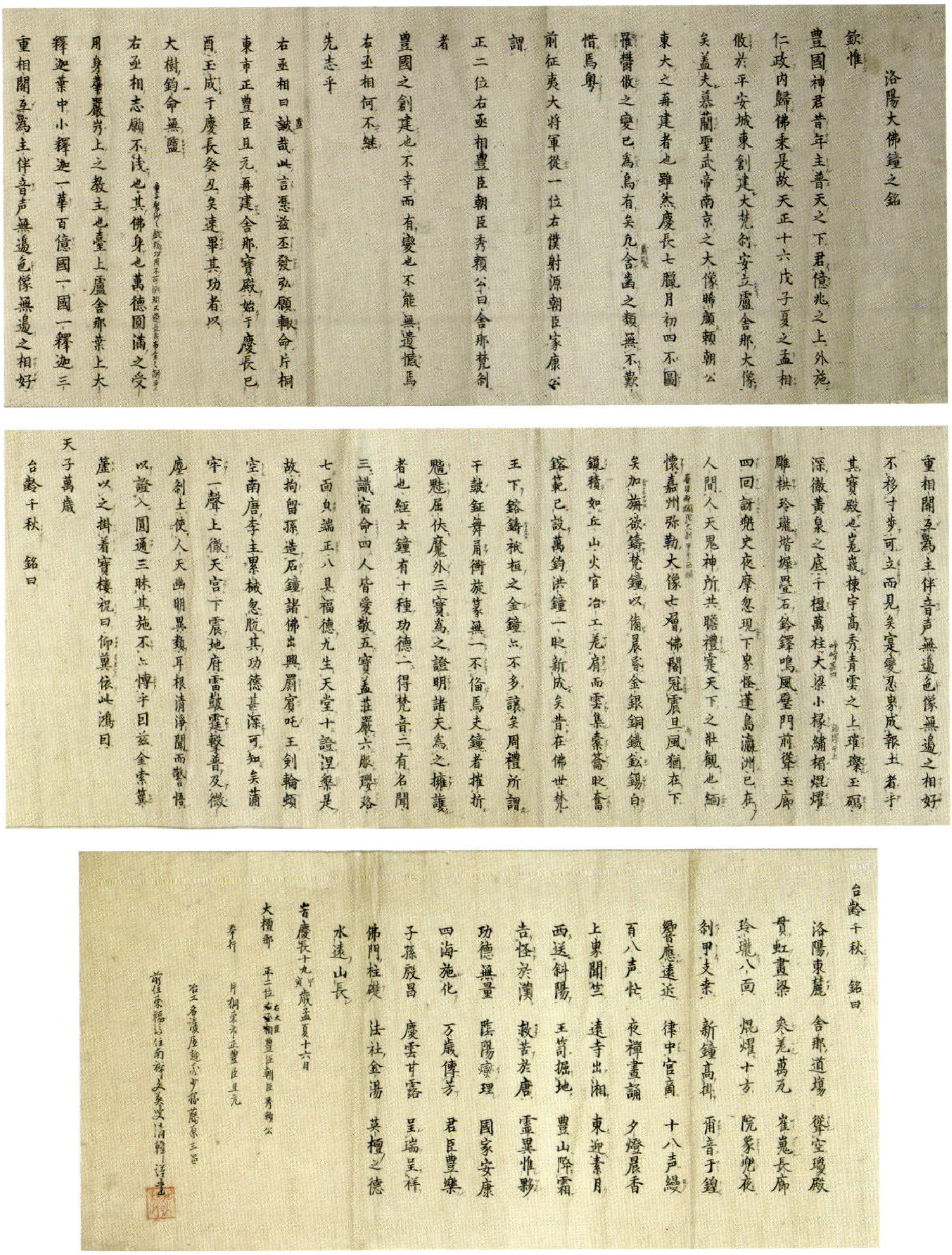
洛陽大佛鐘之銘
欽惟
豊國神君昔年主普天之下君億兆之上外施
仁政内歸佛乗是故天正十六戊子夏之孟相
做於平安城東創建大梵刹安立盧舎那大像
矣蓋夫慕蘭聖武帝南京之大像晞顔頼朝公
東大之再建者也雖然慶長七臘月初四不圖
罹欝攸之変已爲烏有矣凡含歯之類無不歎
惜焉粤
前征夷大将軍従一位右僕射源朝臣家康公
詔
正二位右丞相豊臣朝臣秀頼公曰舎那梵刹
者
豊國之創建也不幸而有変也不能無遺憾焉
右丞相何不継
先志乎
右丞相曰諾哉此言悪盍丕發弘願輙命片桐
東市正豊臣且元再建舎那寶殿始于慶長巳
酉至成于慶長癸丑矣速畢其功者以
大樹鈞命無盬
右丞相志願不浅也其佛身也萬徳圓満之受
用身華嚴岸上之教主也臺上盧舎那菓上大
釋迦葉中小釋迦一華百億國一國一釋迦三
重相関互爲主伴音声無邊色像無邊之相好

重相関互爲主伴音声無邊色像無邊之相好
不移寸歩可立而見矣寔變忽衆成報土者乎
其寶殿也嵬峩棟宇高秀青雲之上璀璨玉礎
深徹黄泉之底千楹萬柱大梁小椽繍桷煜燿
雕栱玲瓏増塀疊石鈴鐸鳴風璧門前聳玉廊
四回訝飛史夜摩忽現下界怪蓬島瀛洲已在
人間人天鬼神所共瞻禮寔天下之壯觀也緬
懐嘉州弥勒大像七層佛閣冠震旦風猶在下
矣加旃欲鑄梵鐘以備晨昏金銀銅鐵鉛錫白
鑞積如丘山火官冶工莫肩而雲集索斎畊畜
鎔範已設萬鈞洪鐘一朝新成矣昔在佛世梵
王下鎔鑄祇桓之金鐘亦不多讓矣周禮所謂
千鍾鉦舞甬衡旋篆無一不備焉夫鐘者摧折
魍魎屈伏魔外三寶爲之證明諸天爲之擁護
者也經云鐘有十種功徳一得梵音二有名聞
三識宿命四人皆愛敬五寶蓋荘嚴六服瓔珞
七面貌端正八具福徳九生天堂十證涅槃是
故拘留孫造石鐘諸佛出興罽賓吒王剣輪頓
空南唐李主累械忽脱其功徳甚深可知矣蒲
牢一聲上徹天宮下震地府雷鼓霆擊普及微
塵剎土使人天幽明異類耳根清浄聞而聲悟
以證入圓通三昧其施不亦博乎曰茲金索篆
叢以之掛看寶樓祝曰仰冀依此鴻因
天子萬歳
台齢千秋　銘曰

台齢千秋　銘曰
洛陽東麓　舎那道場　聳空瓊殿
貫虹畫梁　参差萬瓦　崔嵬長廊
玲瓏八面　焜燿十方　院象兜夜
刹甲支桑　新鐘高掛　商音于鍠
響應遠近　律中宮商　十八声緩
百八声忙　夜禅晝誦　夕燈晨香
上界聞竺　遠寺出湘　東迎素月
西送斜陽　玉笥掘地　豊山降霜
吉怪於漢　救苦於唐　霊異惟夥
功徳無量　陰陽燮理　國家安康
四海施化　万歳傳芳　君臣豊樂
子孫殷昌　慶雲甘露　呈瑞呈祥
佛門柱礎　法社金湯　英檀之徳
水遠山長
峕慶長十九甲寅歳孟夏十六日
大檀那　正二位右大臣豊臣朝臣秀頼公
奉行　片桐東市正豊臣且元
冶工名護屋越前少掾藤原三昌
前住東福見住南禅文英叟清韓謹書

△53　**方広寺大仏鐘銘草稿本**　京都市歴史資料館蔵

豊臣秀頼が再興した方広寺の梵鐘の銘文下書きである。方広寺は秀吉が奈良東大寺の大仏に対抗して創建させた寺であったが、度重なる災難により御堂のみとなっていた。秀頼は慶長７年（1602）から再建に着手。鐘銘は南禅寺の僧・清韓の起草になるもので、本書はその草稿本と考えられる。MOA美術館に収蔵される鐘銘書は重要文化財となっている。

コラム

方広寺を歩く

田中晶子

旧方広寺の巨大な石塁

方広寺大仏殿の造営

天正十六年（一五八八）、豊臣秀吉は、京都・東山の地に大仏の造営を始める。方広寺大仏殿である。文禄四年（一五九五）には大仏殿がほぼ完成し、木造仏に漆喰を塗った漆喰仏が安置された。しかし、翌年の大仏供養会を前にして慶長大地震が発生する。大仏殿はほぼ無傷で済んだものの、大仏は大破してしまう。秀吉は大仏再建を果たすことなく、慶長三年（一五九八）に生涯をとじる。

その後、大仏復興は徳川家康が片桐且元を通じ、秀頼に勧め、且元が中心となって工事が始められた。大仏は新たに金剛仏が作られることになったが、慶長七年（一六〇二）、大仏鋳造中に出火し大仏殿まで焼け落ちるという事態となった。慶長十三年（一六〇八）、大仏殿の再建工事が決定し、秀頼は用材の費用に、且元は再建総奉行として苦心しながら慶長十八年（一六一三）に完成にこぎつける。しかし、のちの大坂の陣へとつながる、いわゆる「方広寺鐘銘事件」が起こる。且元の豊臣家存続の願いは叶わず、秀頼は大仏の開眼供養をみることなくこの世を去るのである。

豊臣家滅亡後の寛文二年（一六六二）、再び地震により大仏が破損、木造仏に作り替えられた。その後大仏殿は寛政十年（一七九八）に落雷を受け、全焼してしまう。

大仏殿を探して

さて、今はなき方広寺大仏殿であるが、現在もわずかにその姿をみることができる。

方広寺の旧境内の推定規模を現在の地図に当てはめると、南北は京都国立博物館・平成知新館のあたりから北へ大和大路通りに沿って約二六〇メートル、東西は大和大路通から東へ約二一〇メートル、ということになる。

大和大路通と七条通の交差点（京都国立博物館の南西の角）には交番が建っている。名前は「大仏前交番」。京都に大仏があったということを教えてくれる名前である。

この大仏前交番から大和大路通を北へ上がると、京都国立博物館の正門を越えたあたりから、石塁が見えてくる。高さ三メートル、南北の長さ約二五〇メートルにも及ぶ巨大な石塁である。これが方広寺の西端であり、正面にあたる。現在、方広寺の石塁は西面、北面が残っており、南面（京都国立博物館内）は地中に埋まっている。東面は最初から作られなかったようである。このあたりは西から東へ上る傾斜地であり、これは西側に盛り土をして方広寺建立の平坦地を造成したためである。

石塁を見つつさらに北へ進むと東西に通る正面通との交差点に出る。正面通はこの交差点が始まりで、西へと延びていく。正面通の名称は「方広寺大仏の正面の道」に由来する。

現在、正面通りの東の先にあるのは大仏殿ではなく、明治時代に作られた豊国神社である。参拝路の石敷は大仏殿に敷かれていたものが使用されている。

豊国神社の参拝路を外れて北へいくと、すぐに巨大な梵鐘が目に入る。あの大坂の陣の引き金となった、方広寺梵鐘である。高さ四・二メートル、重さは八二トンもあり、鐘の西側から「国家安康　君臣豊楽」の銘文が見える。梵鐘があるところは現・方広寺の境内で、隅には大仏殿の巨大礎石がひっそりと置かれている。

梵鐘から東へ、駐車場と豊国神社の間の小道を進み、小道を抜けると、豊国神社の裏側に「大仏殿跡緑地」という公園がある。ここは大仏殿・大仏の台座が位置していたところで、平成十二年（二〇〇〇）に発掘調査が行われ、後に公園として整備された。

公園内のあちこちには石で作られた四角形のベンチや円形の石が置かれている。実はこれらから大仏殿の大きさを想像することができる。大仏が鎮座していた台座は一辺が十五メートル、径約三十四メートルの八角形とされ、調査ではその南側が発掘された。四角いベンチはこの台座の北端と南端の位置を示している。円形の石は大仏殿の柱の大きさに合わせて作られており、直径およそ一・六メートル。かなりの巨木が使われたようである。ちなみに、公園内には石材が四半敷にされている箇所があるが、これは、大仏殿の基壇上面が花崗岩の切り石で四半敷にされていたと調査で判明したためである。

方広寺大仏殿は南北約九十メートル、東西約五十五メートル、大仏は約二十メートルあったといい、現在の東大寺大仏殿をしのぐ大きさであった。

秀吉ゆかりの街を歩きながら、その当時を想像するのもおもしろい。

大仏殿跡緑地。石は柱の大きさに合わせられている。

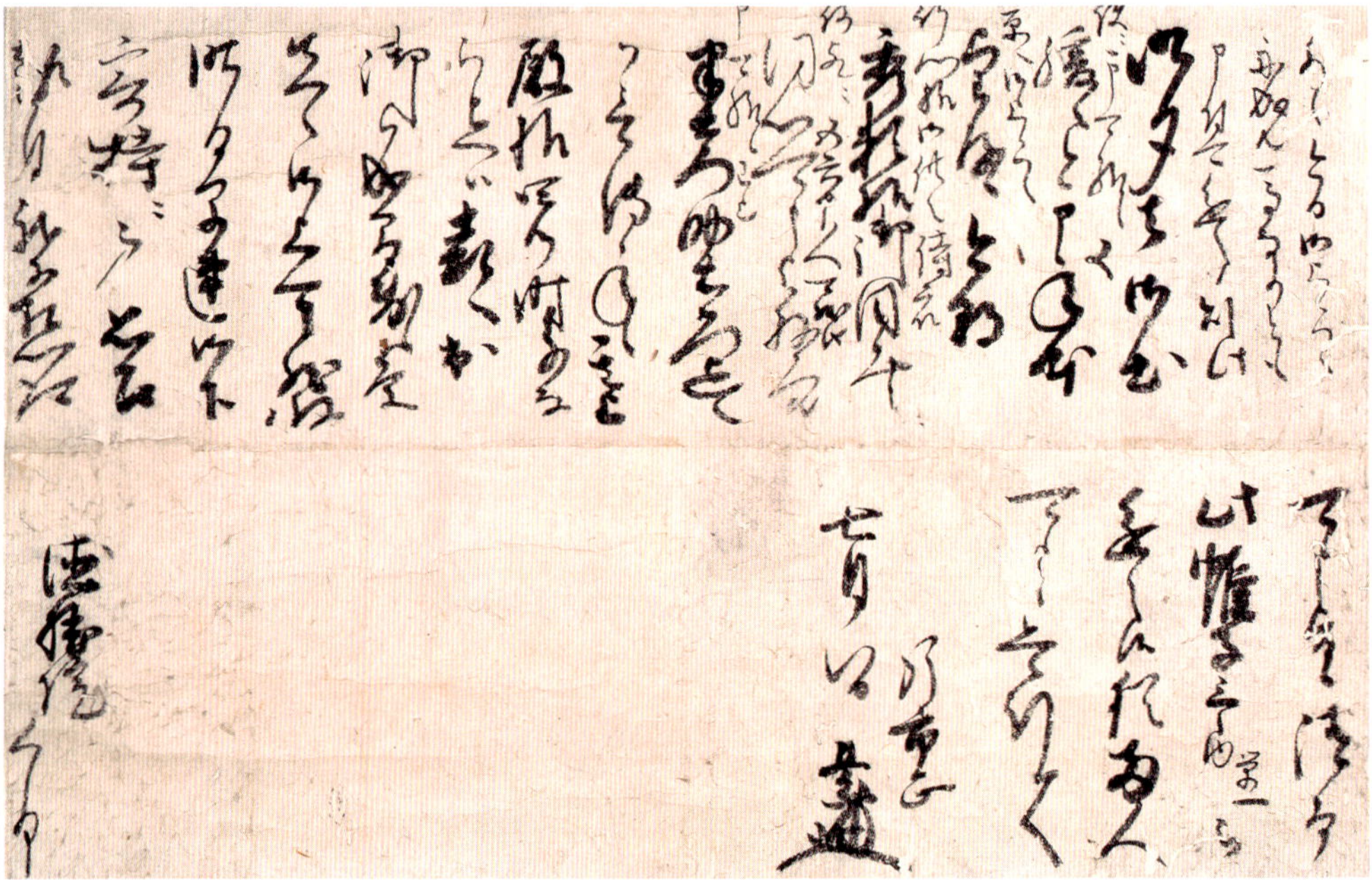

54　片桐且元書状　徳勝院宛　大阪城天守閣蔵

片桐且元が、京から徳勝院を大坂城に招き豊臣秀頼に会見することになったが、急に京へ戻る用ができたため、帰京のための舟などの提供を申し出たもの。方広寺大仏開眼供養においては、豊臣方が真言宗の仁和寺門跡を導師として執り行うことを考えていた。しかし、徳川家康は崇伝や本田正純を通じて天台宗と真言宗の座位に干渉し、且元が描いた筋道が崩れていくのである。

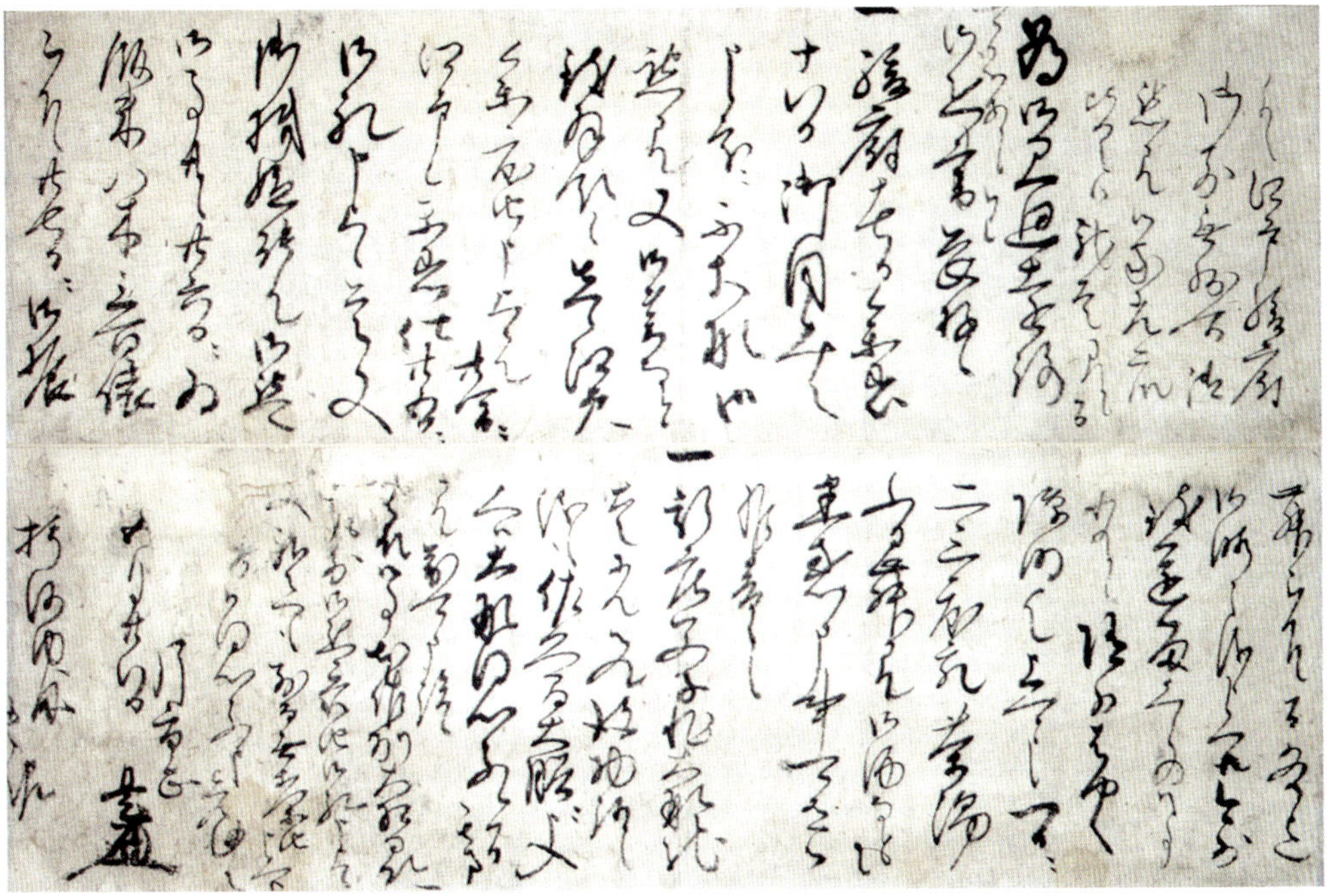

57　片桐且元書状　朽木元綱宛　本館蔵

片桐且元が、同じ近江出身の大名であった朽木元綱に対して与えた書状。本文によると5月17日に駿府に到着し、翌日に徳川家康に拝謁、お茶の振る舞いを受けたこと。5月24日に江戸に行き、翌日には秀忠に拝謁し、26日には飯米三百俵を下され、27日には振る舞いを受けたこと。また、新庄直頼親子や佐久間（大膳亮）勝之と協議していること。そして、豊臣方の意向を、徳川方の本多正信や大久保忠隣に伝える旨も記されている。且元は関ヶ原合戦の後、豊臣秀頼の家老・名代として、たびたび駿府に赴き、豊臣家の存続について徳川方と協議を進めていた。本書は『徳川実紀』に慶長15年（1610）5月、且元が家康に拝謁した記録があるので、同年のものとみられる。且元が秀頼の家老として忠実に働いていることを実証できる史料である。（T）

（右隻）

（部分拡大）大坂城天守

（左隻）

Ⓡ55　大坂夏の陣図屏風　大阪城天守閣蔵

慶長20年（1615）の大坂夏の陣を描いたもの。本屏風は黒田長政が自らの戦功を記念して描かせたといわれており、福岡藩主黒田家に伝来した。右隻には大坂城と豊臣秀頼、徳川家康、徳川秀忠それぞれの本陣が描かれ、真田幸村や本多忠朝らが奮戦する様子が克明に表現されている。一方で、大坂城天守からは不安げに外の様子をうかがう女性達の姿がみられる。左隻には戦火から逃げまどう民衆や敗戦兵の姿が描かれている。家を荒らす夜盗、斬首された民衆、川を渡ろうとする民衆の小舟が転覆する場面など、戦いの混乱ぶりが生々しく表現されている。（T）

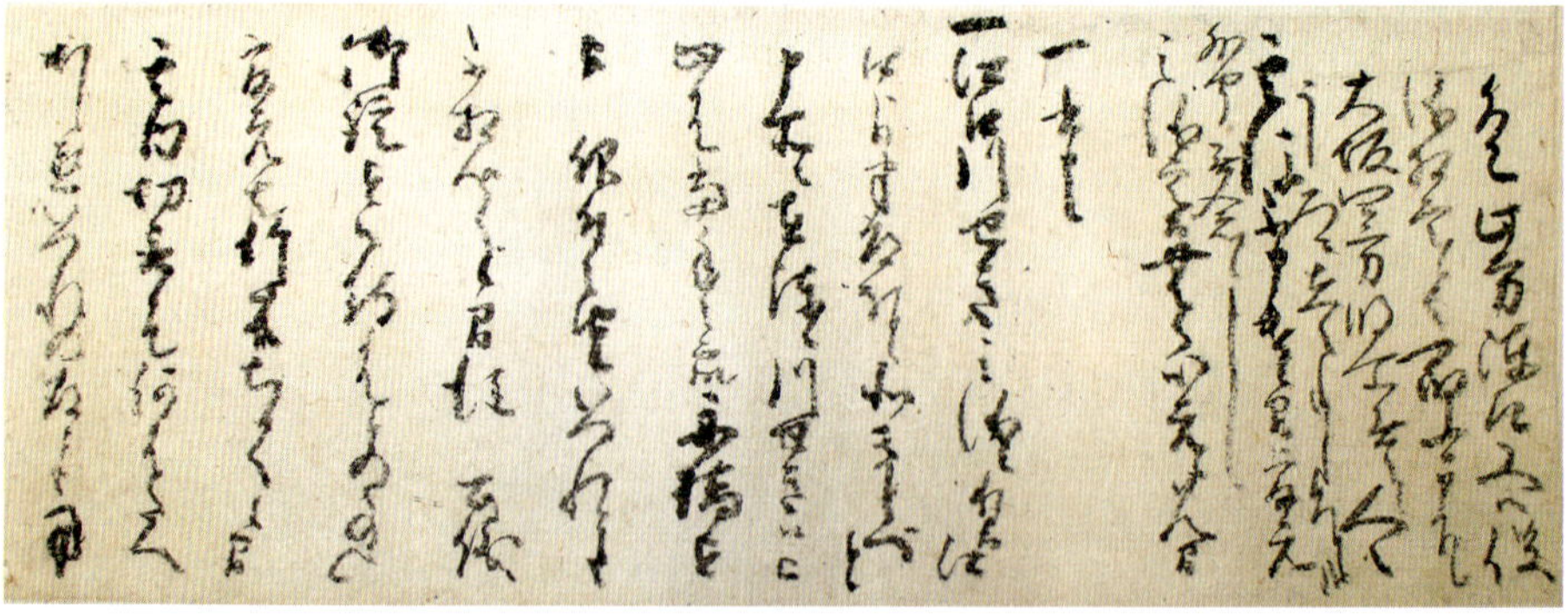

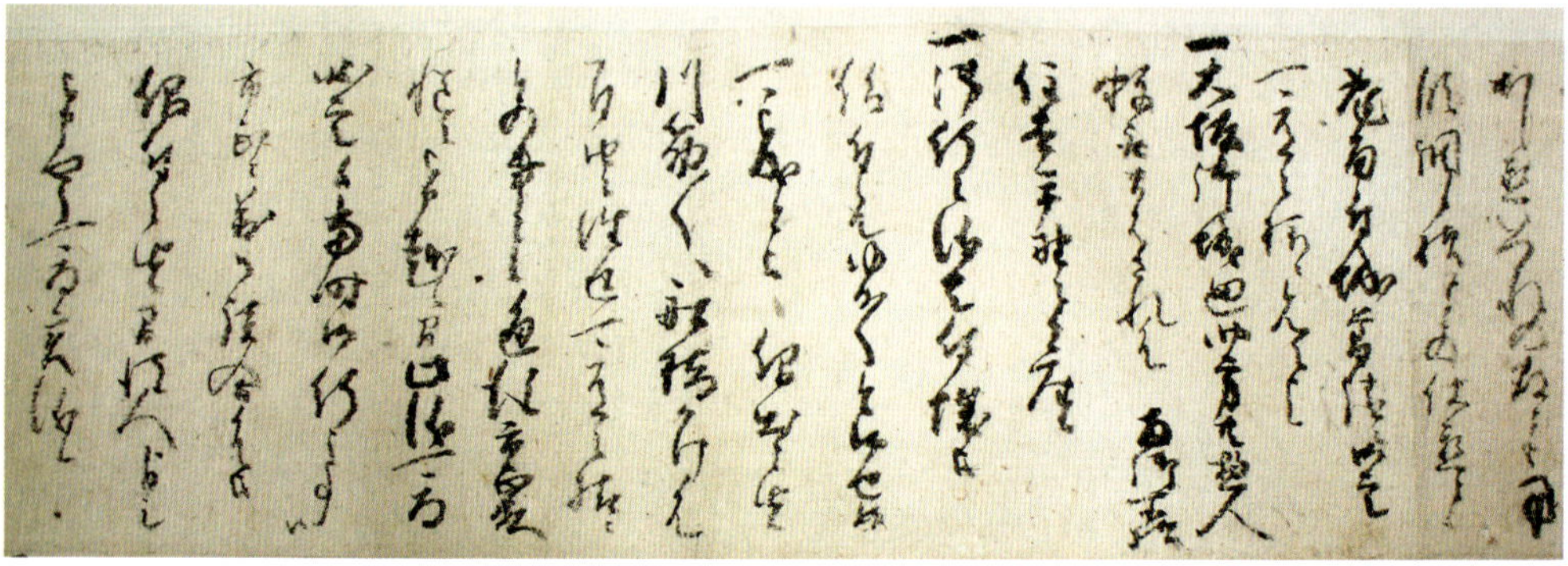

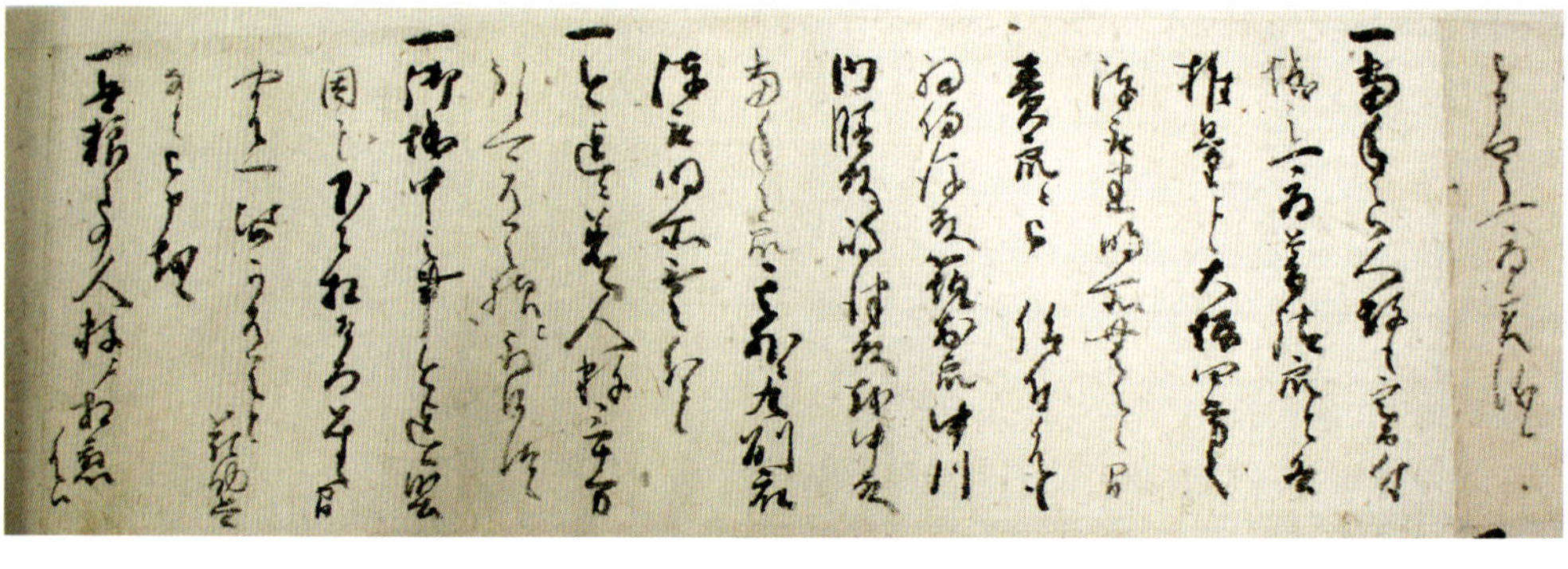

本状では、大坂城は四方を囲まれていること、付城を築いて持久戦の策を講じていること、軍事は片桐且元と談合して決行すること、大坂城内の様子や兵糧のこと、城内では牢人衆のほかに百姓などを抱えて籠城していることなどを詳細に記している。（F）

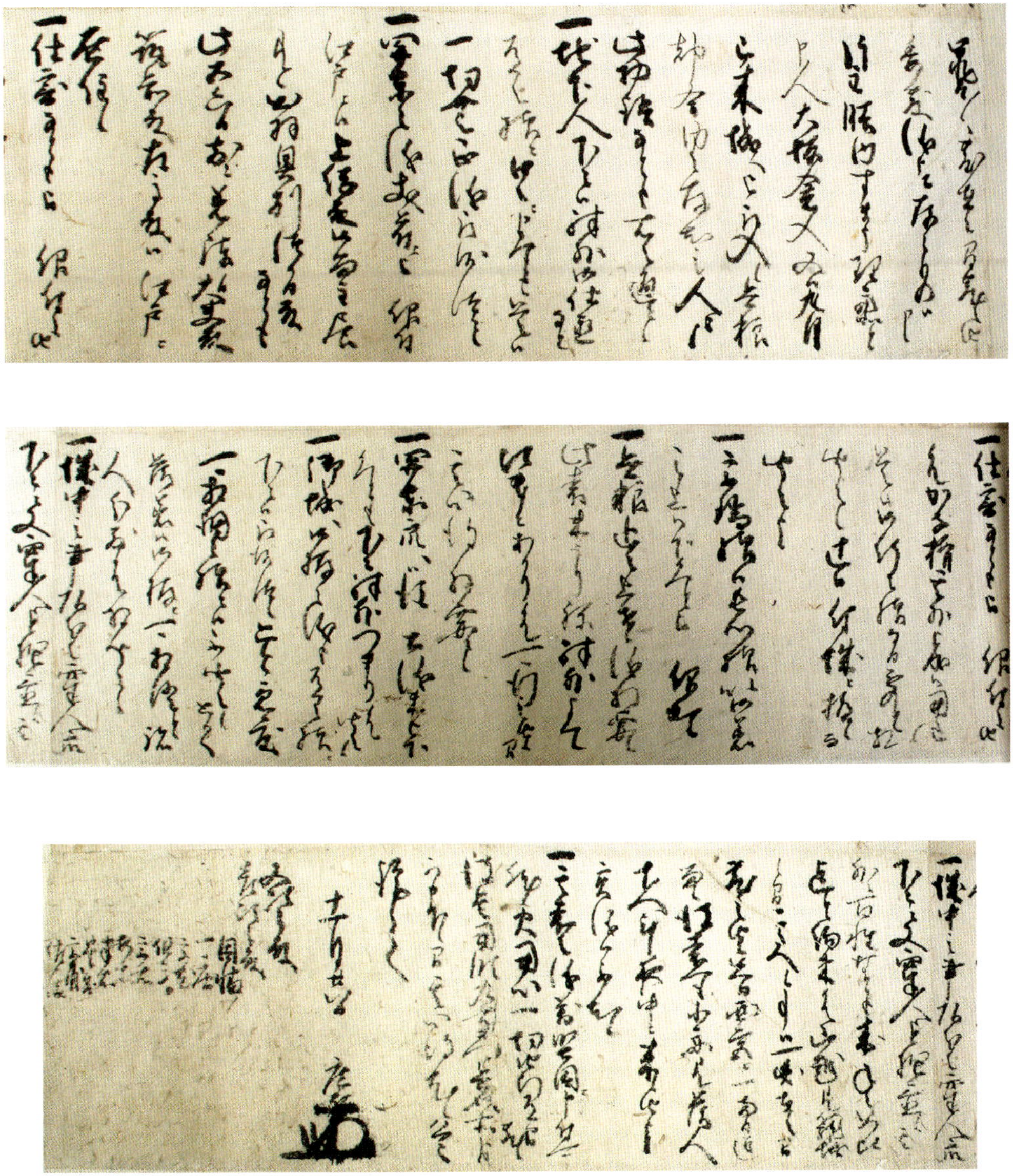

◎56　吉川広家自筆書状　吉川広正等宛　吉川史料館蔵

吉川広家（1561 ～ 1625）が嫡男・広正（1601 ～ 1666）に宛てた書状である。慶長19年（1614）、方広寺の鐘銘事件を口実に、徳川家康が豊臣氏の大坂城を攻めた、いわゆる「大坂冬の陣」の際の情勢を、国元にいる息子に伝えたものと考えられる。

58 淀殿像　養源院蔵

淀殿（一五六九～一六一五）こと茶々は、浅井長政（一五四五～一五七三）と織田信長の妹「お市」（?～一五八三）の長女として小谷城で生まれた。天正元年の小谷城落城の直前、母と妹二人（初・江）とともに城を逃れた。その後、母と再婚した柴田勝家が天正十一年（一五八三）年の賤ヶ岳合戦で秀吉に敗れ自刃すると、秀吉の養女に、そして天正十六年（一五八八）頃には秀吉の妻（側室）となり、秀頼を生んだ。大坂の陣では、豊臣家の事実上の大将となるが、元和元年（一六一五）に大坂城が落城すると、息子・秀頼とともに自害。

養源院は、父長政の菩提を弔うため文禄三年（一五九四）に淀殿が建立した寺院。元和五年（一六一九）に火災に見舞われ、ほとんどの堂舎が焼失するが、同七年に長政の三女・崇源院（江）によって再興された。

本像は、養源院に伝わる淀殿の肖像画。本紙・表具ともに経年による汚損が激しく、長らく公開されてこなかったが、平成二十六年（二〇一四）に修復が行われた。特に、顔の部分は絵具の剥落が著しく、両目がわずかに確認できるのみであったが、修復により、墨線や発色が明瞭になった。淀殿は、白の下着に薄桃色の小袖を着て、表面に金箔の藤模様が施された朱色の内掛けをまとい、両手は数珠を手繰るようなしぐさをし、向かって左を向き上畳（高麗縁か）に坐す。画面の左右はやや切り詰められているが大幅であり、大画面いっぱいに像主を大きく描く点など、同じく養源院に伝わる崇源院像の形式に近い。また、堂々とした体躯にふっくらとした頬、幅広の鼻、厚みのある小さな唇など、高野山持明院に伝わる浅井長政像を髣髴とさせる。（O）

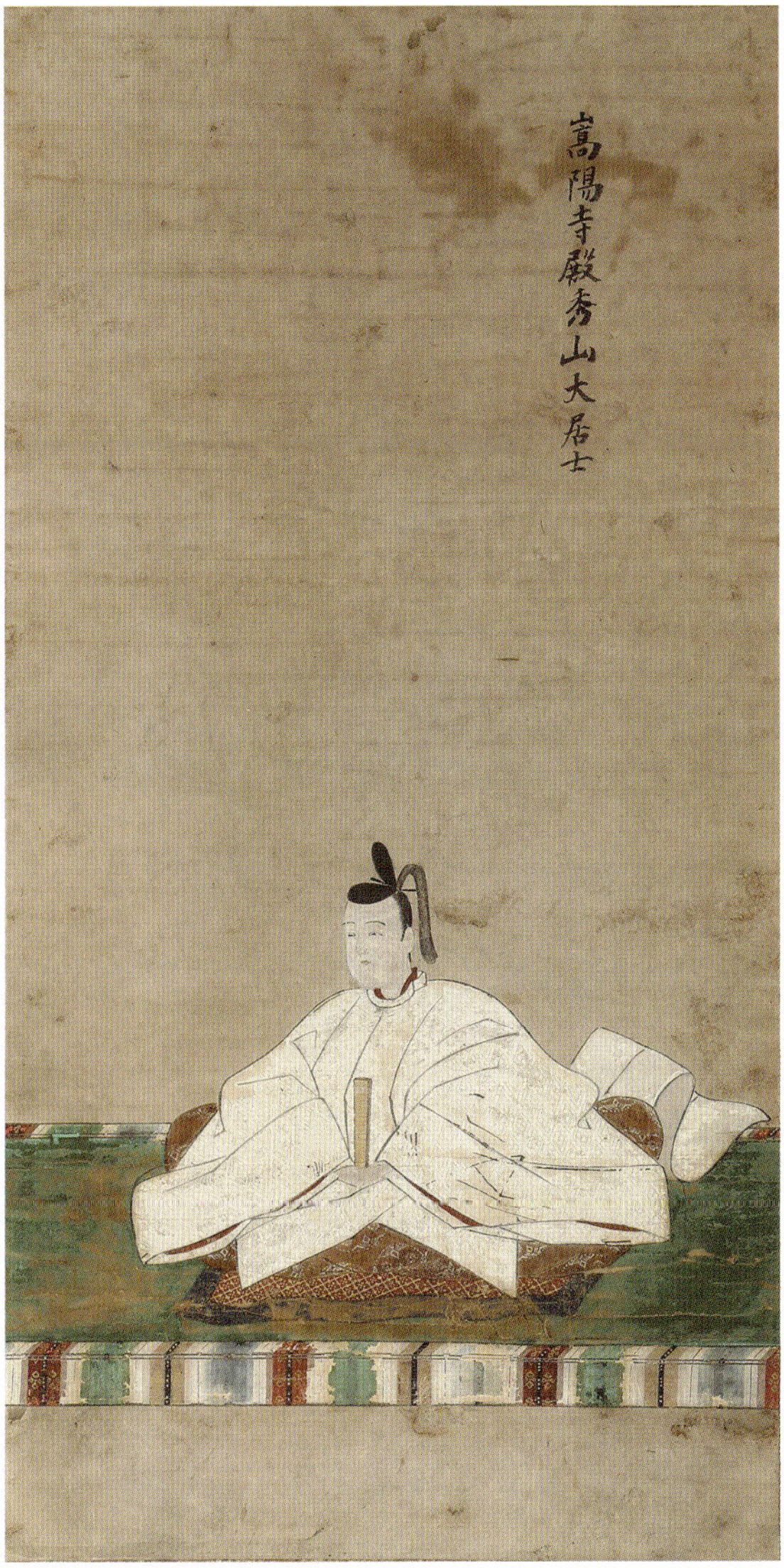

59 豊臣秀頼像 養源院蔵

58と同じく、養源院に伝わる豊臣秀頼像。秀頼（一五九三～一六一五）は豊臣秀吉と淀殿の第二子。慶長三年（一五九八）八月に秀吉が亡くなると、豊臣家の当主となる。片桐且元を奉行に、荒廃した全国の寺社の復興に尽力した。慶長十三年（一六〇八）頃には京都・方広寺大仏殿の再建を始めるが、慶長十九年（一六一四）、いわゆる「方広寺鐘銘事件」が起こり大坂の陣へと発展する。元和元年（一六一五）に大坂城が落城すると、淀殿とともに自害した。

本像は、両手で笏を持ち束帯姿で向かって左を向き、繧繝縁の上畳に坐す秀頼の姿を描く。画面右上に秀頼の戒名「高陽寺殿秀山大居士」が記される。秀頼像はほかに、東京藝術大学所蔵のものが知られるが、東京藝術大学本に比べ、本像の体躯は痩せ型で、顔もほっそりと長く、顔立ちも幼い。静かな佇まいに柔和な顔立ちは、若くして亡くなった豊臣家当主の姿を偲ばせる。（O）

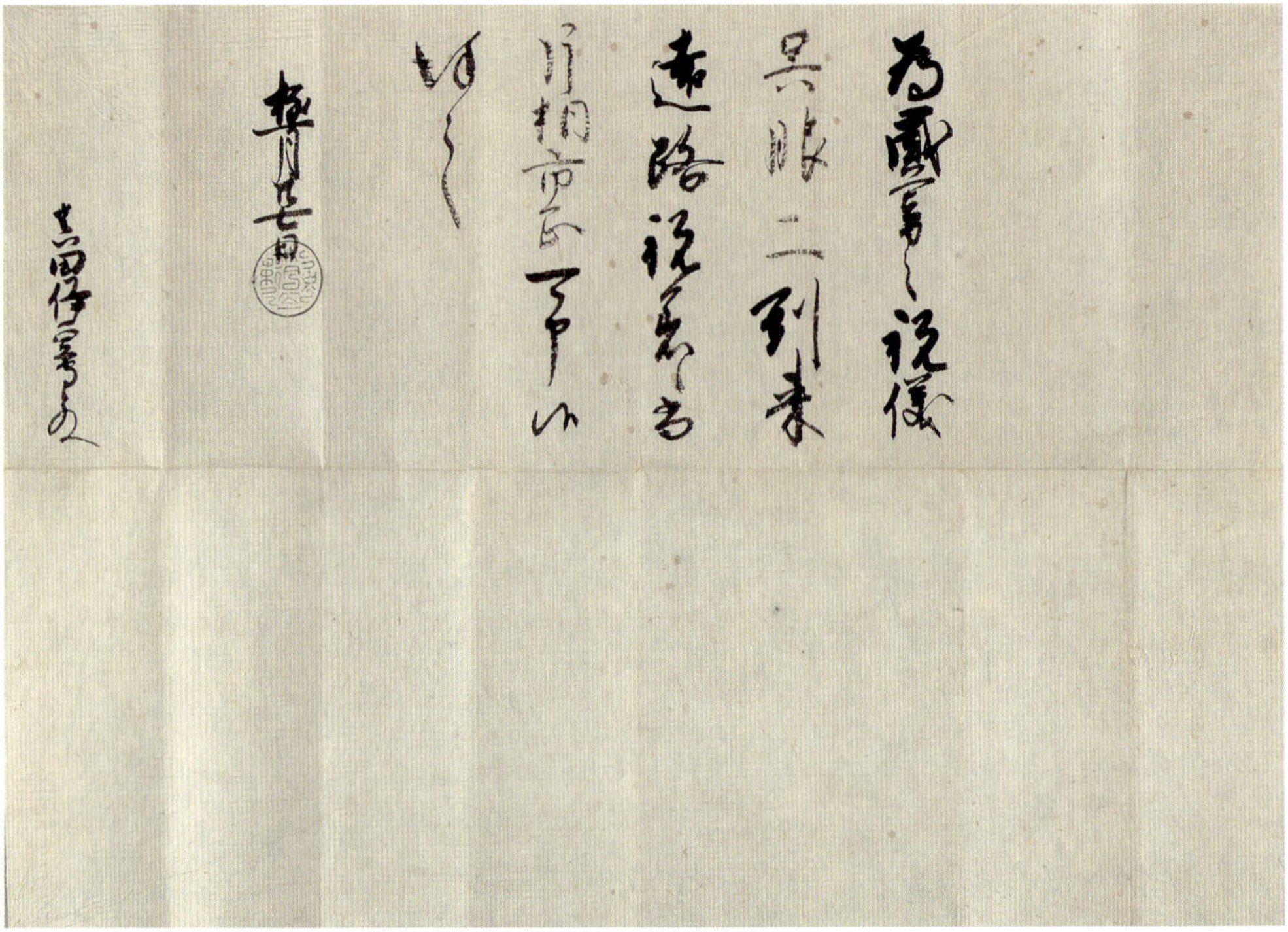

為歳暮之祝儀
呉服二到来
遠路祝着候
片桐市正可申候
謹言
極月廿日
真田伊豆守とのへ

60　豊臣秀頼黒印状　真田信之宛　真田宝物館蔵

豊臣秀頼が真田信之に宛てた書状。信之から呉服を贈られたことを謝している。文中に且元が登場し、豊臣家の家老として実務を取り仕切っている姿が想像できる。真田信之は、初代松代藩主で幸村の兄である。大坂冬の陣では徳川方の先鋒となり青屋口今福に陣し、大坂方を攻める。

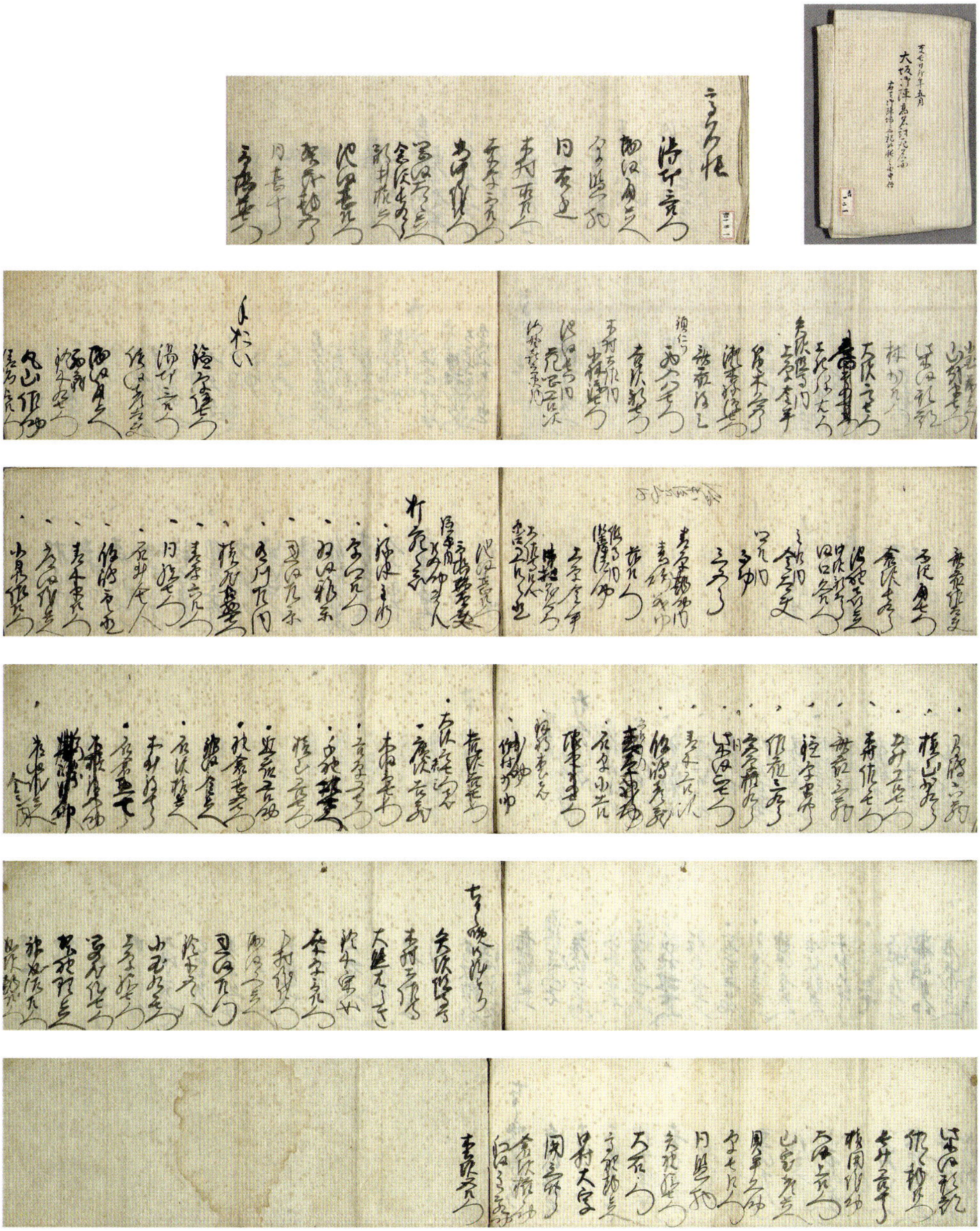

61　大坂陣高名帳　真田宝物館蔵

大坂夏の陣において、真田家中で戦功を上げた者の名を書き上げたもの。この時は、信之の嫡男である信吉と次男・信政が参陣し、井伊直孝の指揮下に入り天王寺口に陣を置いていた。この資料には、討死した家臣や負傷した者の名も記されている。上州（群馬県）出身の家臣も多い。（M）

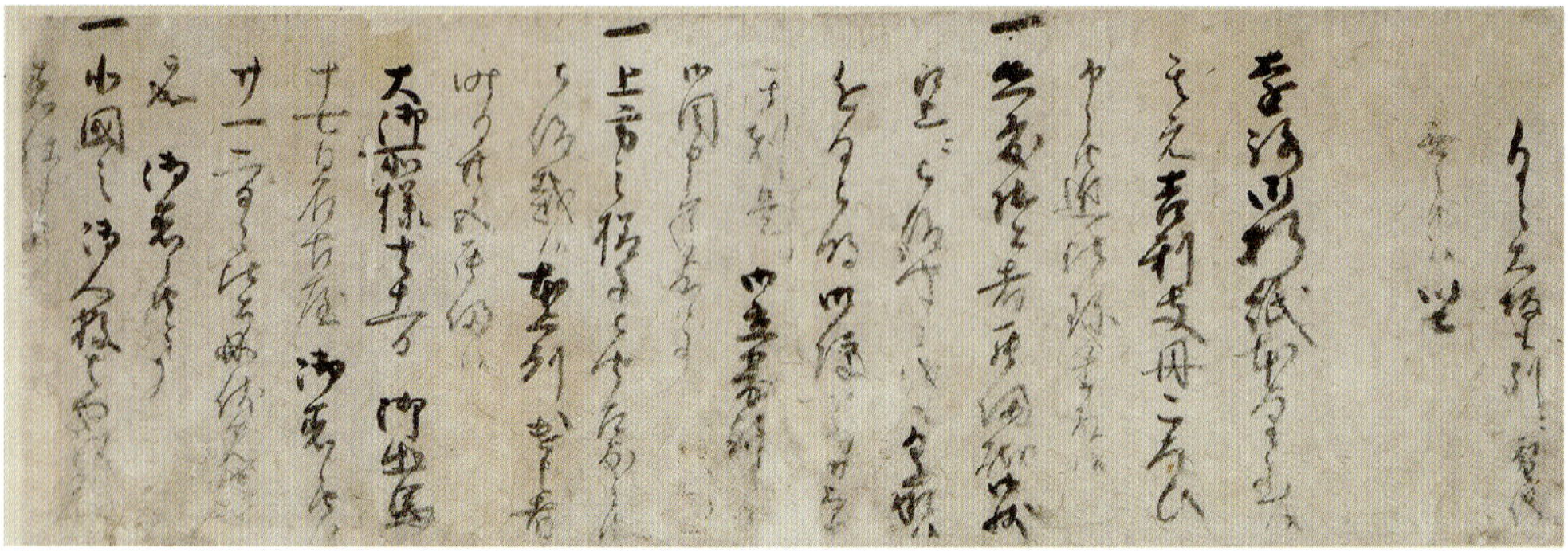

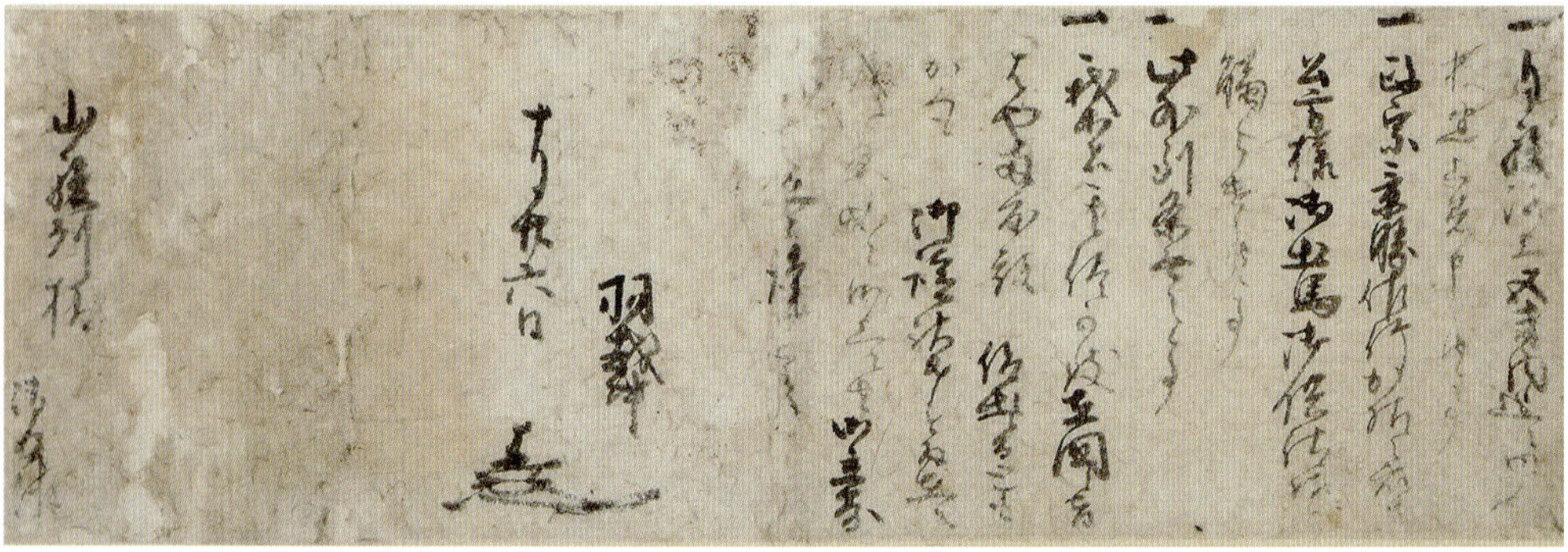

62　細川忠興書状　最上家親宛　真田宝物館蔵

細川忠興が大坂の陣の状況について、江戸城留守居役を命じられていた出羽山県藩12代藩主・最上家親《もがみいえちか》（1561～1617）に宛てた書状。当時、細川忠興は豊前国（大分県）中津在城にあったため、家康によって毛利・島津押さえのため在国するよう命じられていた。その後島津氏の大坂出陣により、兵船500艘余を率いて小倉（福岡県北九州市）を出港し門司に至ったが、豊臣方が家康と和睦したことにより帰国している。

本状では、大御所様（家康）が10月11日に駿府城を出発し、21日頃には伏見城へ到着のこと、伊達政宗・上杉景勝・佐竹義宣等奥州の諸大名は、公方様（秀忠）の江戸城出陣に供奉する旨などを述べている。最上家親は元和３年（1617）３月に36歳という若さで急死、その後最上家は御家騒動により、元和８年（1622）に除封となっている。（F）

コラム

片桐且元の屋敷を掘る—龍田陣屋—

牛谷好伸

龍田陣屋跡　調査地全景（南東から）　（写真提供：奈良県立橿原考古学研究所）

龍田陣屋跡　調査区全景（上空から、中近世調査時）　（写真提供：奈良県立橿原考古学研究所）

龍田《たつた》は、平安中期に成立の「和名抄」に登場する平群《へぐり》郡那珂《なか》郷に該当すると考えられており、古くから開けた場所である。弘安十年（一二八七）に、「龍田市」と記載されるなど龍田は古くから大阪と奈良を結ぶ奈良街道沿いの市場町として発展してきた。また、この地で信仰の中心をなしていた竜田神宮は、法隆寺の鎮守として勧請され、寛元元年（一二四三）には摂津西宮から夷神《えびす》を市神として勧請し、猿楽が盛んに演じられたという。

この地域を治めていた龍田氏は、天正十二年（一五八四）の目録に「龍田入道為定」の名が存在し、中世にはこの地を支配していたようである。その後、関ヶ原合戦後に片桐且元が領地を知行されるが、この時も龍田氏が構えた屋敷を利用したのかもしれない。

片桐家は、慶長六年（一六〇一）から明暦元年（一六五五）の廃藩までと元禄七年

（一六九四）までは陣屋として使用し、九十年あまりの間、龍田を守ってきた。

龍田陣屋は、龍田川の左岸に位置し、矢田丘陵の先端、標高五、六十メートルに築かれる。龍田川は陣屋西方の防御の役割、大和川は南の防御の役割を果たしている。陣屋周辺には「追手」「清左衛門屋敷」「城垣内」など陣屋に関連する地名が残る。

元禄九年（一六九六）龍田村古図によると龍田陣屋の周辺には堀が巡っている。しかし、部分的に堀がない場所や空堀がある。堀に囲まれた陣屋の中に、もう一つ堀があり、北側半分しか堀は存在しないが、その中に主の屋敷がある構造となっている。城下町は主郭の北側に形成されている。

龍田の町並み

斑鳩町教育委員会による龍田陣屋跡（龍田城跡）の発掘調査は、過去数回にわたって実施されている。平成十七年（二〇〇五）に陣屋内の武家地とされる場所で発掘調査が実施され、石組井戸を検出した。掘り方は直径二・八メートル、内径は一・二メートル（南北）×一・三メートル（東西）となる。地面が粘質土の所は三段の石組に、その下層の岩盤風化土は素掘りという構造である。深さは二メートルで枠内埋土からは少量の近世陶磁器や瓦が出土している。この地点は、水が湧かないことより溜め井として使用されたのではないかと考えられている。

平成十九年（二〇〇七）には奈良県立橿原考古学研究所による、龍田陣屋跡（龍田城）南東部の発掘調査が実施された。調査の結果、陣屋跡の屋敷地に関連する井戸、埋甕、石列、溝、濠と様々な遺構を確認している。

遺構には三つの時期が存在し、一つ目が十六世紀末から十七世紀前半である。この時代は、片桐且元が大和に領地を得て、その後、廃藩される明暦元年（一六五五）と重なるため、龍田陣屋に関する遺構と考えられる。

二つ目は、十二世紀末から十三世紀前半で、陣屋築造前の歴史を示す遺構となり、三つ目が弥生時代で、溝、土坑や土器、石器片を確認し、付近に弥生時代の集落が存在することを示唆する。見つかった濠跡は元禄九年の龍田村古図に描かれている陣屋跡東辺南半の濠跡に該当する可能性が高く、考古資料と文献資料が合致する可能性がある貴重な発見である。

地面の下には、文字に残されていない歴史が今なお多く眠っている。

片桐且元夫妻墓所

Ⅶ 跡を継ぐ者

苦悩の大坂の陣が終了してから二十日後の元和元年（一六一五）五月二十八日、片桐且元は享年六十歳でこの世を去る。前年から咳病を患っていたことが原因のようである。大坂の陣が終了してからは、大和の額安寺で療養をしていたが、最後は京都の三条衣棚の屋敷で息を引き取った。豊臣家の存続をかけ、死の直前まで徳川方との調整に奔走した一生であった。葬儀は京都の大徳寺で行われ、玉林院に葬られている。

甥にあたる片桐貞昌（石州）が、静岡県の誓願寺に且元夫妻の墓所を建立しており、且元は現在も祀られている。誓願寺の墓は、加工石で築き上げた「切込み接ぎ」の工法で築き上げられた石垣の上に柵を巡らし、その中に二基の墓石が鎮座する。向かって左側が且元、右側が妻の墓とされる。夫妻の墓は、無縫塔（卵塔）の形式をもち、装飾された台座の上に卵形の一塊の石を置く。

且元は、池田輝政の家臣片桐半右衛門の娘を正妻とし、子どもは、男子一人と女子二人、この他にも数人の側室がおり、合計八人の子どもがいたようである。

且元死後の遺領を引き継いだのは長男孝利で、大坂冬の陣後に従五位下出雲守を賜っている。大和龍田藩で領国経営を行い、高野山大塔の造営に奉行として関わっている。しかし孝利は寛永十五年（一六三八）に三十八歳で病死し、孝利に後継がないことにより弟の為元が継ぐことになる。だが、遺領すべてを継ぐことはできず、龍田周辺の一万石のみを継ぐことになった。為元が四十四歳で亡くなると、子の為次がその後を継ぐ。しかし十四歳で跡を継いだ為次は翌年、十五歳という若さで亡くなってしまい、明暦元年（一六五五）徐封され龍田藩は廃藩となる。しかし、為次の弟、且昭が先祖の功により三千石で旗本となっている。且昭も世継ぎに恵まれず片桐貞昌（石州）の孫、貞就が跡を継ぐが、元禄七年（一六九四）十七歳で亡くなると世継ぎが無く、家は断絶し陣屋も廃される。慶長六年（一六〇一）且元が龍田に所領を与えられてから九十年余りで家は断絶されるが、弟貞隆は、大和小泉藩の基礎を築き、貞昌（石州）は将軍家の茶道宗匠となり片桐家は繁栄する。

　豊臣家の存続を願い、徳川との調整に立ち、波乱の生涯を終えた片桐且元。賤ヶ岳七本槍の話ばかりが大きく取り上げられるが、事務官僚や社寺復興の奉行として卓越した才能を花開かせ、豊臣家の存亡のため尽力した有能な武将であったと言える。

且元の弟貞隆が築いた大和小泉藩

片桐且元夫妻の墓所がある丸子宿遠景

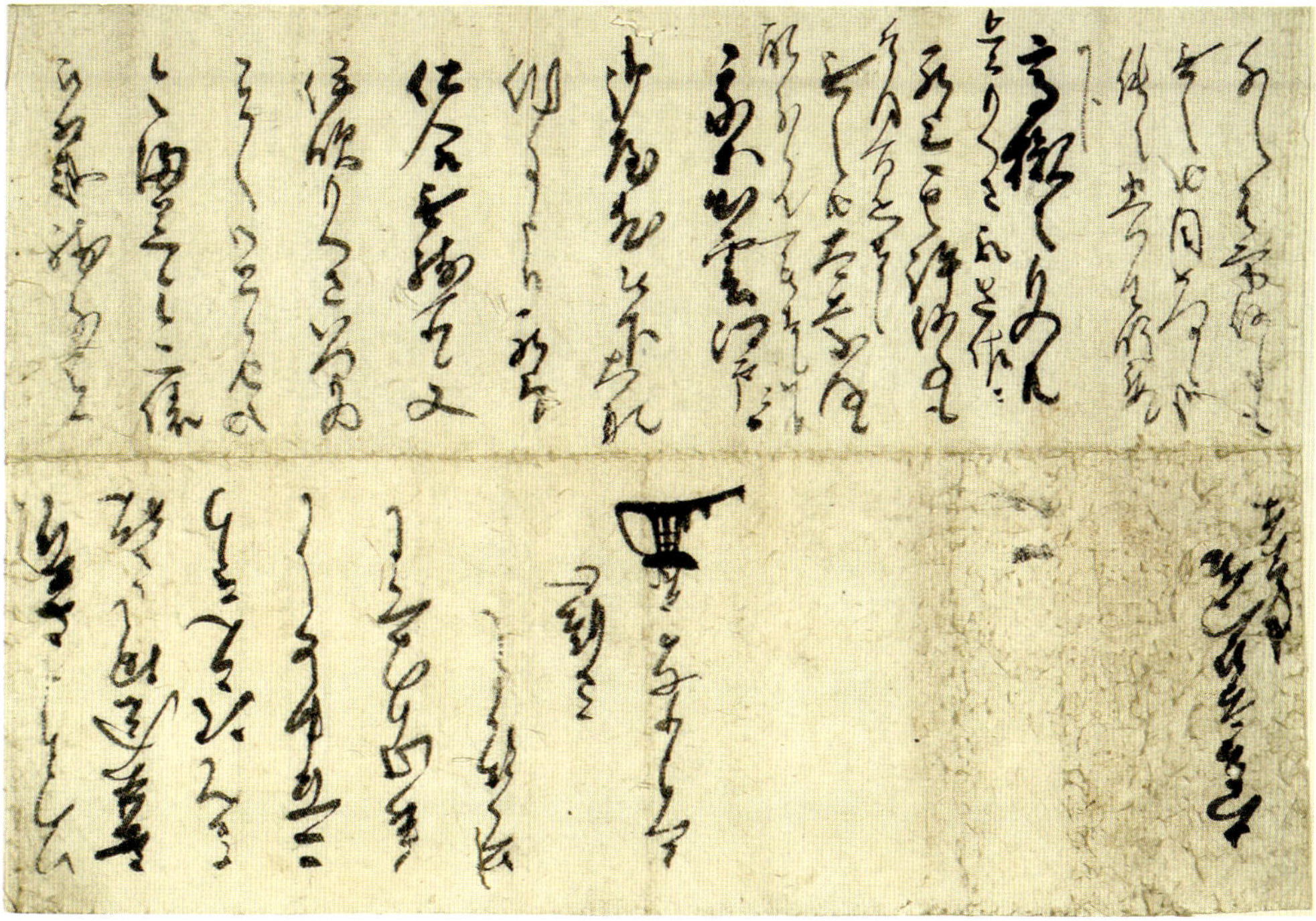

63　片桐貞隆書状　大音市左衛門宛　本館蔵（片桐圭三氏寄贈）

片桐且元の弟・貞隆が義兄弟の大音市左衛門に宛てた書状である、慶長５年（1600）の関ヶ原合戦の後、貞隆は徳川家康によって所領を大和国小泉（奈良県大和郡山市）１万石に移された。これが小泉藩の立藩である。慶長19年（1614）に起こった方広寺鐘銘事件をきっかけに、片桐兄弟は家康に内通していると猜疑され、大坂城から退去して摂津茨木城へ移った。大坂の陣後、貞隆は家康家臣となり、6,000石の加増を受けている。

本書状は、大音市左衛門から贈られた伊吹もぐさに大変満足している旨を伝える。貞隆と生まれ故郷である北近江とのつながりが伺える資料である。（F）

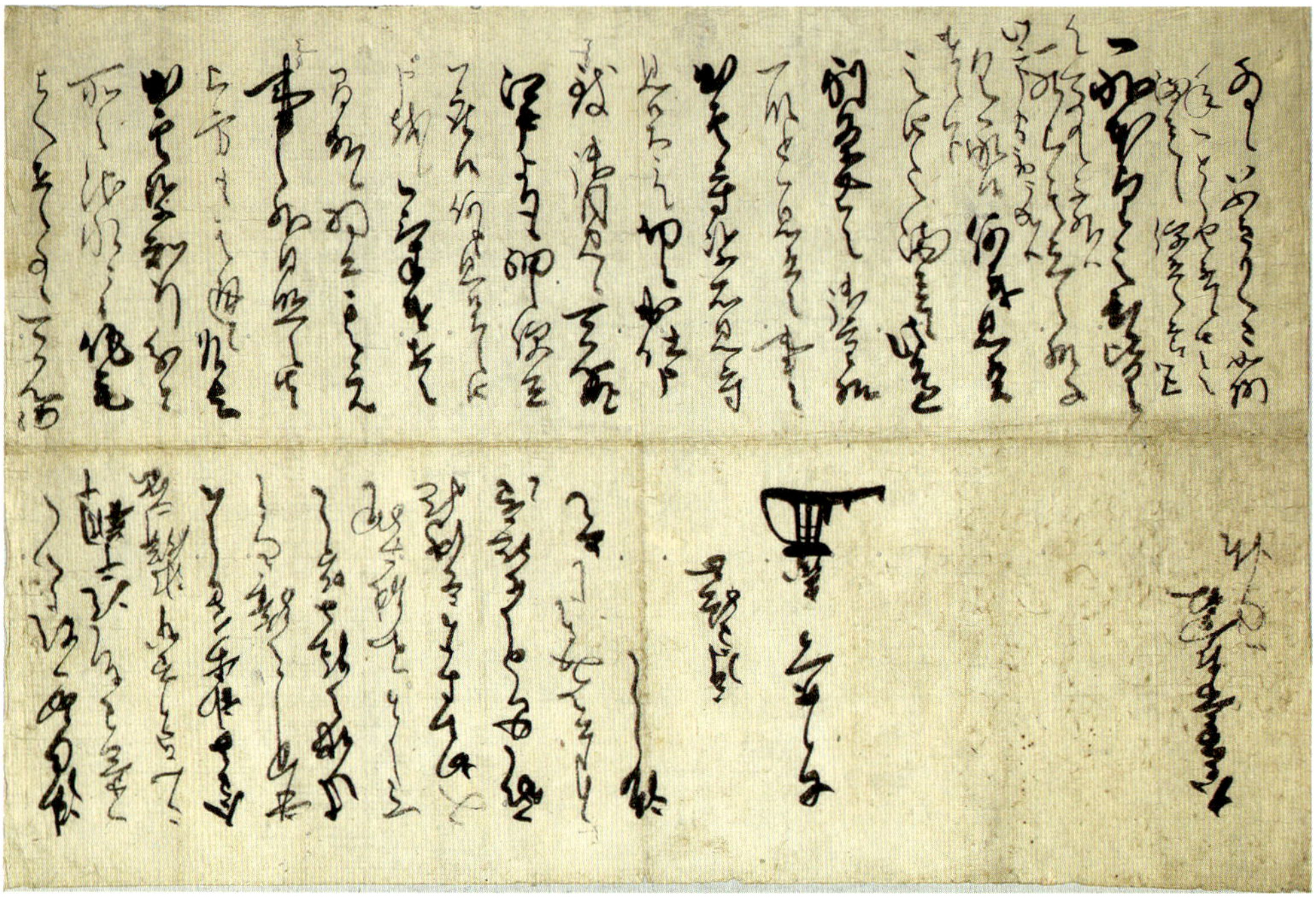

64　片桐貞隆書状　大音市左衛門宛　本館蔵（片桐圭三氏寄贈）

63と同じく、片桐貞隆が義兄弟である大音市左衛門に宛てた書状。大音市左衛門は、須賀谷村（長浜市須賀谷町）に居住し、片桐且元の下奉行として雨森長介とともに、浄信寺（長浜市木之本町）や竹生島宝厳寺（長浜市早崎町）の復興に尽力した人物である。

本書状には、市左衛門が息災の様子で安心していること、北近江で旱魃《かんばつ》が続いていると聞いているが、当地でも作物に池水を利用していること、市左衛門は眼病を患っているのでよくよく養生すること、干鯛《ひだい》10匹、こんきり100本、氷餅《こおりもち》2袋、金子2歩を贈ったことなどが述べられている。

片桐兄弟を支え続けた大音市左衛門との関係性が伺える資料である（F）

65　溜塗菱綴桶側胴具足　大阪城天守閣蔵

片桐貞昌（石州）の具足。貞昌は貞隆の子であり、且元から見て甥になる。摂津茨木城で生まれ、将軍家の茶道宗匠をつとめる。兜側面には金色の日輪の中に１羽の鳥が描かれる。この鳥は鵞《が》鳥《ちょう》で、日光の及ぶ限りのところを「我」が「とる（鳥）」との意で、片桐家が秀吉から拝領した紋という。

66　龍田陣屋遺跡出土資料　奈良県立橿原考古学研究所蔵（写真提供：奈良県立橿原考古学研究所）

片桐且元の居城龍田陣屋から出土した遺物。且元は、関ヶ原合戦後の慶長6年（1601）に平群郡において封地を拝領した。龍田陣屋は、奈良県生駒郡斑鳩町の矢田丘陵南傾斜面から伸びた丘陵の先端に位置する。これらは、龍田陣屋南側の道路造成工事によって出土した資料である。調査においては、近世と中世、弥生時代の遺構面が確認されており、近世の遺構面においては、井戸や埋甕、石列、溝、濠跡が確認されている。検出した遺構に伴う遺物が16世紀末から17世紀前半の時期に限定されることから、明暦元年（1655）に龍田藩が廃藩されるまでの時期と一致し、これらの資料は龍田藩陣屋に関わるものと考えられている。

片桐且元の北近江における寺社復興

森岡　榮一

はじめに

秀吉の家臣団の中で、北近江出身者は「近江衆」と呼ばれ、秀吉から特に信頼されて、武力・行政・技術などの多くの分野で活躍した。

後世「賤ヶ岳七本槍」で有名な片桐且元も代表的な「近江衆」の一人である。賤ヶ岳合戦で名をあげた且元は、その後も秀吉に従って、小牧の役・小田原北条氏攻めなどを歴戦し、武人としての印象が強い。

しかし且元は、大坂城で豊臣秀頼を補佐した時期に、秀頼の名代としての上洛使、駿河への参向、豊国神社の祭礼奉行、寺社修造の奉行など官僚としての側面も持っていた。このような且元の行政的な功績の中で、本稿では特に、北近江における諸寺社の修復について建造物、棟礼、擬宝珠《ぎぼし》や釣灯籠などの遺品から言及してみたい。

1　且元の出自と賤ヶ岳合戦

片桐且元の父「真貞」の先祖は、信濃国伊奈郡出身(1)で、真貞から三代前の「為頼」の時に近江国に移住し、子孫は伊香郡高月郷（伊香郡高月町）に移住したという(2)。

真貞（一五二二～一五九一(3)）は、孫右衛門と称して、浅井氏に仕えていたが、浅井久政から小谷城の防衛拠点の一つとして、城の東南にある谷に堤防を築き、溜め池を造ることを命ぜられた。堤防は漏水多く、溜め池築造は失敗したが、久政からこの谷への居住を命じられた。真貞は、この谷に鷹の巣があったことから、地名を「巣谷」と名づけたという(4)。

この後、片桐氏はこの巣谷（須賀谷）に居住し、小谷城の堤防拠点の一つを構成していた。久政に仕えた真貞は、永禄三年（一五六〇）に家督相続した長政にも引き続いて出仕したと思われる。そして元亀元年（一五七〇）から天正元年（一五七三）九月一日まで続いた小谷城攻防戦では、落城直前まで城内に籠城して、浅井長政の感状を得ている(5)。

片桐且元は弘治二年（一五五六）に浅井郡須賀谷（長浜市須賀谷町）で生まれた。弟に貞隆（一五六〇～一六二七）と妹がいる。

且元は、幼名を助作（助佐）といい、後に名を「直倫」と名乗ったが、その後「直盛」に変え、そして「且盛」に改め、最後に「且元」としている。

秀吉に仕えた時期はわかっていないが、秀吉の長浜城主時代と考えられる。これは弟の貞隆が幼少から秀吉に仕えていたといい、天正六年（一五七八）三月から同八年正月十七日の落城まで攻防が続けられた播磨国三木城（兵庫県三木市）包囲戦で戦功を上げ、同年九月十九日附で播磨国神東郡内にて百五十石の領地を与えられている(6)ため、遅くとも天正六年頃までには、兄弟ともに秀吉に出仕していたと推定される。

且元がはじめて名を上げた賤ヶ岳合戦

は、天正十一年（一五八三）、二十八歳のときに起こった。同年三月、越前北庄城の柴田勝家が南下し、北近江柳瀬（長浜市余呉町）に陣を築いた。秀吉は、長浜城から木之本へ本陣を移し[7]両軍は睨み合ったまま一ヶ月が過ぎた。四月十六日、秀吉が大垣城に入った間隙をぬって、二十日に柴田軍の佐久間盛政が、余呉湖の南・賤ヶ岳の麓を抜け、秀吉軍の大岩山砦を奇襲、守将・中川清秀を斬り砦を占領した。この急報に接した秀吉は、大垣から十三里（約五十㎞）の道程を五時間で駆け抜け、木之本の本陣に入った。翌二十一日未明『秀吉来る』の報に驚いた佐久間軍が、賤ヶ岳の北側切り通し付近を退却する時、これを待っていた秀吉軍は銃撃を加え、柴田軍が動揺するところを、さらに五千余人の秀吉馬廻り隊が追い討ちをかけ、佐久間軍に大打撃を与えた。且元もこの馬廻り隊に属していて、「一番槍」の功名をたてた。これが俗にいう「賤ヶ岳七本槍」の顚末である。且元は、この戦功によって、同年六月五日に新たに三千石を与えられ、大名への第一歩を歩み出すこととなる。

2　大坂城時代の且元

賤ヶ岳合戦の後、且元は秀吉に従って天正十二年（一五八四）の小牧の役や同十五年九州遠征、天正十八年（一五九〇）小田原攻めと秀吉本陣の後備や脇備などの本陣警護で活躍した。文禄元年（一五九二）の文禄の役には、朝鮮に渡海して戦闘に加わり、同四年八月十七日には、賤ヶ岳合戦の追賞として五千八百石を加増され、一万石を知行するに至る。

　天正十八年（一五九〇）から慶長元年（一五九六）にかけての且元は、諸国の検地奉行や京都方広寺大仏や伏見・大坂の作事奉行などをつとめた。慶長三年（一五九八）八月十三日には、石田正澄と共に、石田三成ら五奉行に誓紙を出し、豊臣秀頼つきの諸奉公人・側近を監視する役につき、秀頼の後見役をつとめることとなる。

　慶長五年（一六〇〇）関ヶ原合戦後も大坂城中に留まり、秀頼を補佐した。しかし慶長十九年（一六一四）方広寺大仏の鐘銘事件をめぐる行動を淀殿から疑われ、大坂城を退去、摂津茨木城に入る。元和元年（一六一五）大坂夏の陣後再び加増され、山城・大和・河内・和泉で四万石を領したが、同年五月二十八日、六十歳で京都にて死没する。

　且元が大坂城内で秀頼を補佐した時期には、秀頼の名代・使者としての上洛使、駿府の徳川家康への参向、豊国神社の祭礼奉行、諸寺社造営の奉行、寺社領の寄進奉行、秀頼内書の添状の発給、大久保長安など徳川氏の奉行と連署の知行目録の発行、江戸幕府の摂津・河内・和泉の国奉行としての活動など多くの事蹟がある。

　秀吉死後の且元の地位を「秀頼の傅役」とする立場から、大坂の陣前後における且元の行動については、後世いろいろと取り沙汰された。しかし前途してきた事蹟から、且元は秀頼の老臣（傅役）というより「後見」であり、秀頼の家臣というより、豊臣五大老筆頭である徳川家康の指揮下にあった官僚であったという説が有力である。[8]

　だが且元が、その成長を見守り、補佐した秀吉の遺児「秀頼」に対して強い愛着を持っていたとも考えられ、大坂夏の陣前後に秀頼か家康かの選択を迫られた時の苦悩は、計り知れないものがあったと推定される。

3　且元と寺社復興

　豊臣秀頼は、数多くの寺社を造営・再建したが、その建築物は桃山時代における建築界において重要な位置を占めている。古文書や文献等の資料・修理工事等の銘文・棟札等によって判明した秀頼造営の寺社・橋梁の造営数は九十二ヶ所にのぼり、現存

表１　近江における豊臣秀頼の造営寺社

	寺社名	建物名	規模	工事	史料①	史料②	慶長4年	5年	6年	7年	8年	9年	10年	11年
1	浄信寺	本堂	数棟	再建	鰐口・擬宝珠・吊灯籠				完成					
	五社明神	神殿	１棟	再建	鰐口					完成				
2	王布良天王社	本殿	数棟	再建	鰐口・擬宝珠				完成					
3	竹生島	弁才天堂	１棟	再建	棟札				→	完成				
	（都久夫須麻神社本殿）													
	宝厳寺	唐門	１棟	移築	棟札・旧舜記					→	完成			
		観音堂	１棟	再建	棟札					→	完成			
		渡廊	２棟	移築	飾金具刻銘					→	完成			
	石山寺		全棟	修理	義演准后日記		→	→	→	完成				
	白鬚神社	本殿	全棟	再建	棟札						完成			
	延暦寺	横川中堂	1棟	再建	義演准后日記							着工		
	総見寺	三重塔	数棟	再建	鰐口							造営		
		鎮守社	数棟	再建		総見寺由来記						造営		
		熱田大神宮	数棟	再建		総見寺由来記						造営		
		拝殿	数棟	再建		総見寺由来記						造営		
		書院	数棟	再建		旧記写						造営		
		庫裏	数棟	再建		旧記写						造営		
8	多賀大社	本殿他	全棟	再建		多賀観音院古記録								完成

※史料①は同時代史料、史料②は江戸時代中期以降の史料
（本表は、木村展子氏論文「豊臣秀頼の寺社運営について」所収の表２を一部改変して作成した）

しているのは三十八寺社で、棟数にすると一一七棟にのぼるという。また、造営寺社の総数は最終的には一〇〇を超すと予想される(9)。このうち、近江国内の造営寺社についてまとめたものが、表1である。

秀頼の命をうけて寺社復興の奉行をつとめた人物は、且元のほかにも、前田玄以・増田長盛・建部光重・小出吉政・伊藤則長・桑山重正・荒木光高・雨森出雲守・安養寺喜兵衛・且元の実弟貞隆がいる。しかし且元のように、慶長三年頃から、大坂城を退去する慶長十九年まで始終一貫して、秀頼の命を受けて奉行をつとめた者は他に例がなく、寺社復興における功績は、絶大であったといえるだろう。

ちなみに且元が、秀頼の命をうけて復興に関与した寺社は、大和・山城・河内・和泉・摂津・近江のいわゆる畿内一円に広く分布している。これは且元の所領が、この地域にあったことと無関係ではないだろう。豊臣秀頼が、近畿地方において復興した寺社は八十余ヶ所に及ぶが、この約半数余の再建に且元が関係していると推定される。

４　近江における寺社復興

①木之本　浄信寺の復興

浄信寺は、伊香郡木之本村（長浜市木之本町木之本）の東端部にあり、山号を「長祈山」と号し、本尊は地蔵菩薩立像（木造・鎌倉時代・重要文化財）で、時宗。天武天皇四年（六七六）の開基と伝え、金光寺といった(10)。

弘仁三年（八一二）に空海が、当寺に巡錫し、地蔵経を書写し納入したという。醍醐天皇は、当寺で法会を修し、「長祈山浄信寺」と改号した。足利尊氏は、建武二年（一三三五）から毎年遣使して法会を修し、室町歴代将軍も崇敬した。戦国大名浅井氏の保護を受けていたが、元亀三年（一五七二）七月二十三日織田信長の小谷城攻めの兵火にかかり、堂塔伽藍すべてが

焼失した(11)。

　その後、堀秀政や氏家直通が本堂修理料等を寄進、天正十三年（一五八五）三月には羽柴秀吉が、地蔵堂建立のための勧進を免許している(12)。しかし天正年間には、本堂再建には至らなかったようである。

　本格的な復興は、秀吉の子秀頼によって行われた。慶長六年（一六〇一）から翌七年にかけて、秀頼の命を受けた且元は、浄信寺を再建する。

　伏見城の殿舎を移築したといわれる本堂は、慶長六年九月に落成した。ちょうどこの時期の、且元の書状が現存している(13)。

以上

　態と申し遣し候、木本」御作事の儀、仕り」たしの事に、雨（森）長介」相越され候間、其の方」去年のごとく、ともどもに、」肝煎申さるべく候。」木の本隙明き候わば、」竹生島へも越さるべく候。なお（雨森）長介の事、具さに」申さるべく候、恐々謹言。

　　　　市
　　六月八日　　且元（花押）
大音市左衛門尉　殿

　この書状によると、浄信寺の再建と竹生島の復興作業が平行して進められていたことが読み取れよう。慶長六年に書かれたものと推定される。本堂落成の後、寺域内の五社明神社殿は、翌七年六月に完成したと考えられる(14)。

　しかし桃山建築の粋を集め、壮麗を極めたと推定される本堂も、江戸時代・元文四年（一七三九）の火災によって灰燼に帰し、現在の諸堂は、その後再建されたものである。今は、且元復興の堂舎をしのぶものとして、わずかに吊灯籠二基・擬宝珠四口（二口は現在も本堂正面に現存する）・鰐口二口を残すのみである。

《吊灯籠銘文》
（火袋透彫）
江州伊香郡」木本地蔵堂」長祈山浄信寺
……………………
秀頼御建立」慶長六　辛丑年」九月吉日敬白
（火袋柱線刻銘）
御奉行者片桐市正也

《擬宝珠銘文》
江衆　伊香郡」木本　地蔵堂」長祈山浄信寺」
秀頼公　御建立」御奉行　片桐東市正」
雨森長介」
慶長六　辛丑暦」九月吉日」鋳大工」藤原朝臣
　　我孫子五郎右衛門」末次」

《鰐口銘文》
ⓐ香郡木本地蔵堂」秀頼公御建立御奉行片桐市正」雨森長介」慶長六辛丑暦九月吉日
ⓑ江州木本五社」慶長七年壬寅六月吉日」秀頼御建立御奉行雨森長介

②木之本　意冨布良神社の復興

　伊香郡木之本村（長浜市木之本町木之本）の北、田上山の南麓に鎮座する。明治六年（一八七三）に意冨布良《おほふら》神社と改名されるまでは、「牛頭天王社」または「王布良天王社」と称した。祭神は素盞嗚命、ほかに大穴牟遅命・猿田彦大神・八意思兼神・梨迹臣命を合祀する。『延喜式』神名帳の伊香郡「意冨布良神社《いふふらのじんじゃ》」に比定される。『王布良天王社記』(15)によると、白鳳年中（六七三〜六八六）の草創と伝える。寿永二年（一一八三）木曾義仲が上洛の途中に当社に立ち寄り、祈願したという。また、観応の擾乱で足利直義に属した桃井直常は、田上山の山上に陣を置いて、天王の加護を祈ったという(16)。

　室町時代後期の武将・京極高清は、長享

二年（一四八八）八月叔父京極政経と近江松尾で戦い、攻撃をしかけた政経は敗れて、伊勢切畑に逃れた。その後、政経が上坂景重に擁せられて近江に入ると、高清は恐れて余呉に逃れ、さらに坂本に隠れたという。この時に高清は、戦勝を祈願して着用していた甲冑を奉納し、後に太刀・鐙等の馬具も奉納したと伝える。[17]

元亀年間（一五七〇～七三）の織田信長による小谷城攻防戦や、天正十一年（一五八三）の賤ヶ岳合戦の兵火にかかって、社殿を焼失したが、慶長六年（一六〇一）豊臣秀頼の命により、片桐且元と雨森長介がこれを再興している。[18]

なお王布良天王社（牛頭天王社）の境内に観音堂があり、長祈山浄信寺の末寺であり、王布良天王社の神宮寺が浄信寺であるというため、浄信寺の復興と同時に王布良天王社が再建されたと推定される。

なお再建された本殿は、元禄十年（一六九七）九月台風によって境内の神木が倒れ、下敷きになった社殿は倒壊してしまった。現在の本殿は、翌十一年の再建である。且元復興の社殿をしのぶものとして、鰐口と擬宝珠一対ⓐ・擬宝珠一口ⓑがある。[19]

《鰐口銘文》

江州伊香郡木ノ本王布良天王鰐口」秀頼公御寄進御奉行片桐市正雨森長介」大工　我孫子末次」

《擬宝珠銘文》

（そのⓐ）

江州伊香郡」木本」王布良天王」秀頼公　御建立」御奉行」片桐東市正」雨森長介」慶長六年辛丑暦」九月吉日」

（そのⓑ）

木本王布良天王社御造営」秀頼公御寄進」慶長六年九月日」御奉行片桐市正　雨森長介」

※その②の銘は横書き陰刻

③竹生島の復興

竹生島は、天平十年（七三八）行基が草庵を結び、長さ二尺の四天王像を造立して小堂を構えたのが最初という。当初は、南都諸寺僧侶の修行の聖地として開かれたと推定されるが、九世紀中頃には天台系修験の行場となっていったらしい。弁才天信仰もこの頃にもたらされたと考えられる。また観音信仰は平安時代に広まり、後期には三十三観音霊場の札所の一つになっていた。当寺は、平安時代の資料に「竹生島寺」の名であらわれ、室町時代には「将軍家祈禱所」となるなど、武家の信仰を集めた。

竹生島は、貞永元年（一二三二）島全体が火災にあい、弁才天堂や観音堂が灰塵に帰したという。その後正中二年（一三二五）に地震によって堂宇が倒壊し、享徳三年（一四五四）にも多くの堂舎が焼け、永禄元年（一五五八）秋にも火災に見舞われている。そして、その度ごとに勧進によって再建が行われた。戦国大名の浅井久政・長政父子も、永禄年間（一五五八～一五七〇）に銭一万三千疋を奉加するなど再建に尽力している。[20]

また小谷城攻防戦によって、堂舎はかなりの被害を受けたと推定される。[21]浅井氏が滅亡して後、湖北を支配したのは、羽柴秀吉であった。秀吉は、浅井氏と同様に竹生島を崇敬し、天正四年（一五七六）五月頃から始まる「竹生島奉加帳」が残されている。[22]これは、秀吉と家族・家来などが竹生島に金穀・物品を奉加した記録で、戦乱で荒廃した竹生島を復興させようとした資料である。しかし竹生島は、この天正年間には再建されなかったと推定される。本格的な復興は、秀吉の子秀頼の慶長修復を待たなければならない。[23]

竹生島の復興は、慶長六年（一六〇一）頃から八年にかけて行われた。そのときに再興された殿舎は現在でも竹生島に残っている。宝厳寺の観音堂とその側面に附設された唐門、都久夫須麻神社の本殿は、慶長四年（一五九九）秀吉を祀るために京都東山に建てられた豊国廟の建物が、移築されたと伝えられる。近年これを裏付ける墨書などが解体修理時に発見されている。[24]

現在都久夫須麻神社の本殿となっている建物は、当時は「弁才天堂」として建てられたもので、永禄十年（一五六七）に再建された建物をさらに改築して、その内部に豊国廟から移築した方三間の母屋を組み込んだ手の込んだ造りになっている。[25]この永禄十年の建築物は、まさに浅井長政・久政父子の寄進と考えられるため、その旧弁才天堂を取り壊さずに改造したと推定される。つまり豊臣秀頼の祖父が浅井長政であり、久政は曽祖父にあたるためであろう。この組み込まれた母屋は、内部の高台寺蒔絵や彫刻・金具・天井画・襖絵などから豊国廟の霊屋か、その周辺の建物と考えられる。

この豪華な装飾と相まって、その巧妙な改造の技術は、桃山建築の最も高い水準を示していて興味深い。慶長七年（一六〇二）九月六日の棟札が付属している。

《棟札ⓐ墨書》

御弁才天御建立御奉行　片桐市正　雨森長介・大野木五郎左衛門尉・大音市左衛門・西村清右衛門尉慶長七壬寅年九月六日

宝厳寺観音堂・唐門も慶長七年頃から工事にかかり、同八年頃に竣工した建物である。観音堂の側面に付設された唐門は、京都東山にあった豊国廟の極楽門が移築されたものである。

この弁天堂の棟札の他に、慶長期の修築に関係する棟札が二枚現存する。一枚は慶長七年（一六〇二）九月十九日付で、もう一枚は慶長八年（一六〇三）六月付である。後者を唐門の棟札とする考え方が一般的であるが、文章の内容が「弁才天の神徳と竹生島の行基創建、秀頼再興のこと」などが修飾の多い文言で書かれていて、特定の建築物の名称がないため、どの建造物の棟札であるかは特定できない。また前者は、弁才天堂の棟札の「副」とする意見もあるが、どの建物のものかは断定できない。

《棟札ⓑ墨書》

秀頼公御建立　奉行片桐市正　雨森［長介］・大野木［五郎左衛門尉］・大音市［左衛門尉］・西村慶長七壬寅年九月十九日

《棟札ⓒ墨書》（この墨書については、本館特別展図録『竹生島宝厳寺』一一二・一一三頁を参照）

④多賀神社の復興

多賀神社は、犬上郡多賀村（犬上郡多賀町多賀）の中央に鎮座する。一般に「お多賀さん」と呼ばれ延命長寿の神として信仰を集めている。

『古事記』には、伊邪那岐命が「淡海の多賀」に祀られていると記す。創祀時期は未詳であるが、社伝によると、伊邪那岐命が多賀宮に降臨する途中、杉坂（多賀町栗栖）で老夫に会い、老夫が栗飯を柏葉に盛って勧めたところ、命は老夫の志を愛でて、御箸を地上に刺したのが、成長して大杉の神木になったという。この杉坂には現在、調宮（トトノミヤ・奥宮）が祀られる。往古より犬上郡の総鎮守として幅広い信仰を集めていたが、中世末期からは、坊人の活躍によって、その信仰が全国に流布していった。

武士の信仰も多賀信仰の広がりとともに、増加する。元弘三年（一三三三）五月十四日附で五辻宮守良親王が鎌倉幕府誅伐を祈念して多賀庄の半分を寄進し[26]足利尊氏も凶徒退治の祈祷を命じている。戦国大名佐々木六角氏の信仰も、二十数通に及ぶ社領安堵・禁制・祈願状などからうかがえる。

天文十四年（一五四五）二月には甲斐の武田信玄が長寿と武運を祈り、永禄十一年（一五六八）八月織田信長も大社と門前町の保護・社領安堵を指示している。長浜城主の秀吉も、多賀大社を信仰し、天正十二年（一五八四）の禁制を皮切りに、十五通に及ぶ祈願状や寄進状などを発給している。特に実母「なか」の病気平癒・延命を願った天正十六年（一五八八）六月二十日附豊臣秀吉祈願文は、母を思う秀吉の気持ちがよく表れていて有名である。

多賀大社の復興といえば、江戸幕府による寛永十年から十五年（一六三三〜三八）にかけての造営が有名である。しかしその二十七年前に、豊臣秀頼による修復があったことはほとんど知られていない。『多賀観音院古記録』[27]第一巻の慶長年間の部分を見ると次のようにある。

慶長十一年丙午六月朔日、豊臣秀頼公
本堂　併坊舎御建立
住持勝應六月朔日ハ上棟ノ日也。
此時太閤ノ御畫像壹幅御寄付。狩野永徳筆也。
朝鮮國伝来瓢箪ノ水入太閤所　持其外御寄附有之事。

つまりこの『古記録』によると、慶長十一年（一六〇六）に秀頼の命によって、本堂・坊舎の復興があり、六月一日に上棟式があったことが判明する。またこの時に、豊臣秀頼から多賀大社に『太閤ノ御畫像壹幅』の寄進があったことがわかる。

なお秀頼による修築の記載は、この『多賀観音院古記録』以外になく、関連する鰐口・吊灯籠・擬宝珠などの金工品は一切残っていない。

ただ『多賀観音院古記録』に記載のある、『太閤ノ御畫像壹幅』は、多賀大社に現存している肖像画と推定される。[28]

この画像は、頭上に唐冠を被り・直衣を着用して、右斜め向きに上畳に座す姿に描く。上部に御簾を引き上げ、左右に幕を絞り上げる。前部には高欄が配され、あたかも神殿に座する様に描かれているため、すでに秀吉が礼拝の対象となっていたことが伺える。

本像は、全体的に彩色の剥落が激しく、特に面相部がひどいのが惜しまれる。なお本図は、昭和十一年（一九三六）に修理された時、軸木から墨書銘が発見され、現在この軸木は別に保管される。墨書によると、この秀吉像は慶長十年（一六〇五）二月三日に、大坂城の宮内卿法印の依頼により、「堺の奈良屋」が表具して仕立てたことが判明し、本図の制作年代も慶長十年頃と推測できる。『多賀観音院古記録』にある、秀頼寄進の時期とも矛盾はない。[29]

また多賀大社に、秀吉の奉納によって造営されたという、太閤橋・太閤蔵・奥書院の庭園などが現存する。このうち奥書院の庭園は、慶長十一年（一六〇六）の修築に関係する遺構かも知れない。

5　且元と雨森長介・大音孝則

木之本地蔵堂と竹生島の復興において、片桐且元を補佐した人物に、雨森長介と大音孝則がいる。

雨森長介は、雨森氏（長浜市高月町雨森）の一族で、余呉村（長浜市余呉町）[30]出身という。豊臣秀頼に仕えて側用人となり、五〇〇石を与えられたという。[31]同じく秀頼に仕えて、馬廻組頭であった「雨森才次」も一族と推定される。[32]

大音孝則（一五五二〜一六二二）は、市左衛門尉と称した。天文二十一年（一五五二）に生まれ、片桐孫右衛門真貞の娘と結婚し、且元の義弟となる。片桐氏の本貫地「須賀谷」（長浜市須賀谷町）に、真貞の跡を継いで居住した。また孝則は、元和六年（一六二〇）に居住地須賀谷の神明神社と観音堂を再建している。[33] その二年後の元和八年（一六二二）六月二十五日に、孝則は死去し、道運と諡号された。享年七十一歳。

孝則は、義兄且元の下奉行として雨森長介と共に、慶長六年から八年（一六〇一〜〇三）にかけて竣工する木之本浄信寺・竹生島の再建に力をつくしている。

この二人が、且元の下奉行となったのは、両人が湖北出身であることと密接な関係があると思われる。多忙な且元を助けるため、地域の事情をよく知った二人が補佐となったものであろう。特に北近江の復興事業では、義弟・大音孝則が重用された。

ちなみに雨森長介は、慶長八年六月二十四日に完成・遷宮した湖西の白鬚神社（高島郡高島町鵜川）の復興にも、且元の下奉行として活躍している。[34] また慶長十一年（一六〇六）三月に完工した河内の金剛寺（河内長野市天野町）多宝塔の棟札にも雨森長介の名が記されているという。[35]

むすびにかえて

豊臣秀頼の寺社復興は、その総数が一〇〇ヶ所を超える大事業であることが近年判明しつつある。本稿は、この寺社復興について、北近江に限ってではあるが、新出資料を紹介できたと思考する。秀頼の造営になる膨大な寺社のデータ集積は進みつつあるが、残された建築物の棟札・墨書や鰐口・擬宝珠・吊灯籠などの金工品の刻銘からの奉行等の分析については、まだ緒についたばかりである。丹念な資料採訪が必要で、まだその道程は遠い。

（註）

1　『東浅井郡志』第三巻　七六七頁

2　『東浅井郡志』第三巻によると、「伊香郡高月村」とある。出典は浄信寺文書・片桐文書とあるが該当文書が見つからず、詳細は不明である。

3　「真貞《ナオサダ》」という名告の字は、『東浅井郡志』の記述によった。『寛政重修諸家譜』第三六〇巻や「片桐家旧記写所収文書」には「直貞」とし、また六十九歳で没したともいう。

4　元和四年七月五日附　片桐貞房宛　大音孝則判物（片桐勝美文書）

5　元亀四年八月二十九日附　片桐直貞宛　浅井長政書状（東京・石川武美記念図書館蔵）

6　天正八年九月十九日附　片桐駒千代宛　羽柴秀吉判物一駒千代は直貞の幼名。（成簣堂文庫所蔵片桐文書所収）

7　木之本の秀吉本陣は、木之本地蔵浄信寺に置かれたと思われる。『賤獄合戦記』に「地蔵広庭」に陣が置かれたとある。

8　1　曽根勇二氏『慶長四年の徳川家康と片桐且元』日本歴史四五四号　一九八六年

2　高木昭作氏「幕藩初期の国奉行制について」歴史学研究　第四三一号

9　木村展子氏「豊臣秀頼の寺社造営について」日本建築学会計画系論文集　第四九九号一九七七年　一七二頁

10　浄信寺蔵『伽藍開基記』

11　『近江伊香郡志』第三巻　三九〇頁

12　天正十三年三月二十三日附　羽柴秀吉浄信寺奉加状（木之本浄信寺蔵）

13　個人蔵

14　『近江伊香郡志』第三巻「浄信寺」の項では、慶長七年二月修覆が成就したという。

15　元禄十一年（一六九八）二月日に「天王社僧　神宮寺良海」によって書きとめられた記録である。

16　『近江伊香郡志』第三巻　二四二頁

17　京極高清奉納と伝える「鉄錆地二十二間筋兜鉢」が現存、よく鍛えられた鉄地と品のある形姿から、室町時代後期の甲冑氏である明珍一派に作と考えられている。総高十四・三cm・前後径二十三・五cm・左右径二十一・〇cm。

18　『王布良天王社記』の記述および、社殿の

鰐口・擬宝珠の銘文から（銘文後掲）

19　鰐口は、銅鋳造で扇平円形。面縦径三十・五cm。鋳大工は、浄信寺の擬宝珠を作製した我孫子五郎左衛門末次である。我孫子末次は、河内住吉郡に居住した鋳物師で、南北朝時代から江戸時代まで続いた。擬宝珠は①が鋳銅製。総高十九・二cm、②も銅鋳造。総高二十四・二cm。

20　『東浅井郡志』第四巻　五七八頁　金地墨書「竹生島勧進奉加帳　妙覚院　参千疋　浅井下野守（花押）」「竹生島奉賀帳　妙覚院　万疋　浅井備前守長政（花押）」

21　『信長公記』巻五、元亀三年七月二十四日条「竹生島へ舟を寄せ、火屋（火矢）・大筒・鉄砲を以って攻められ候。」

22　竹生島の堂舎復興の基本資料。全文の解読については、年報第一号（全文の写真も掲載）か『東浅井郡志』第四巻を参照にされたい。

23　天正期の秀吉と家族・家臣の奉加によって、竹生島の堂舎が復興されたかどうかは不明である。ただ、現存する最古の建物は、すべて慶長期の秀頼再興にかかわる建造物である。また、江戸時代初期頃に描かれた「竹生島祭礼図」（大和文華館蔵）が、慶長六年から八年の復興によって設置された観音堂と弁才天堂、そしてこの両者を結ぶ屋根付きの渡廊下を描く唯一の資料である。

24　渡り廊下東端の唐破風飾金具のうち、菊花文の金具裏面に「豊国大明神御唐門下長押金物」の刻銘がある。また『旧舜記』に「慶長七年六月十一日　今日ヨリ豊国極門内府ヨリ竹生嶋へ依寄進壊始」とある。

25　弁天堂は、永禄十年（一五六七）再建の堂舎の裳階《モコシ》—外廻り—五間四方を残して、その中へ、三間四方の別の建物を移築したもの。

26　元弘三年五月十四日附　五辻宮令旨『多賀大社叢書・文書編』十二頁　一九八三年以下の文書も、すべてこれによった。

27　『多賀大社叢書・記録編三』六頁　一九七九年この記録は、書き継ぎ資料で、第一巻の巻末に「文政四年正月に反古・古帳から抄書した」という識語がある。

28　絹本著色・法量　縦一〇三・二cm×横五十五・四cm

29　旧軸木墨書「此表具、御城宮内卿御誂被成候間、請取候而仕立候、」干時慶長拾暦乙巳二月三日表補屋、堺南中町奈良屋慶観（花押）

30　余呉村は、明治二十二年（一八八九）から昭和四十六年（一九七一）の村名で、坂口・下余呉・中之郷・八戸・川並の五ヶ村が合併して成立した。雨森長介の出身地は、この五ヶ村のいずれかとも思われるが、その典拠は不明である。

31　『近江伊香郡志』第三巻　五九四頁

32　前田家所蔵文書

33　無年八月二十四日附　大音孝則宛　片桐貞隆書状（長浜城歴史博物館蔵）

34　李正夫氏「片桐且元と慶長の修理」『月刊文化財』一五一号　一九七六年

35　前掲　李氏論文によった。ただし、河内金剛寺多宝塔は、棟札が付属していないと思われるので（参考　重要文化財総索引／建造物・大阪府）、擬宝珠刻銘の誤りとも考えられる。

［追記］

本稿を成すにあたりご助言・ご指導を賜りました大阪城天守閣学芸委員北川央氏、長浜城歴史博物館学芸員　中島誠一氏・太田浩司、資料を提供いただきました木之本町教育委員会尾崎好則氏に謝意を表します（平成十年当時）。

※本稿は、平成十年（一九九八）執筆の論文「片桐且元の北近江における寺社復興」（市立長浜城歴史博物館年報第七号）を改稿したものである。

豊臣家の寺社復興図

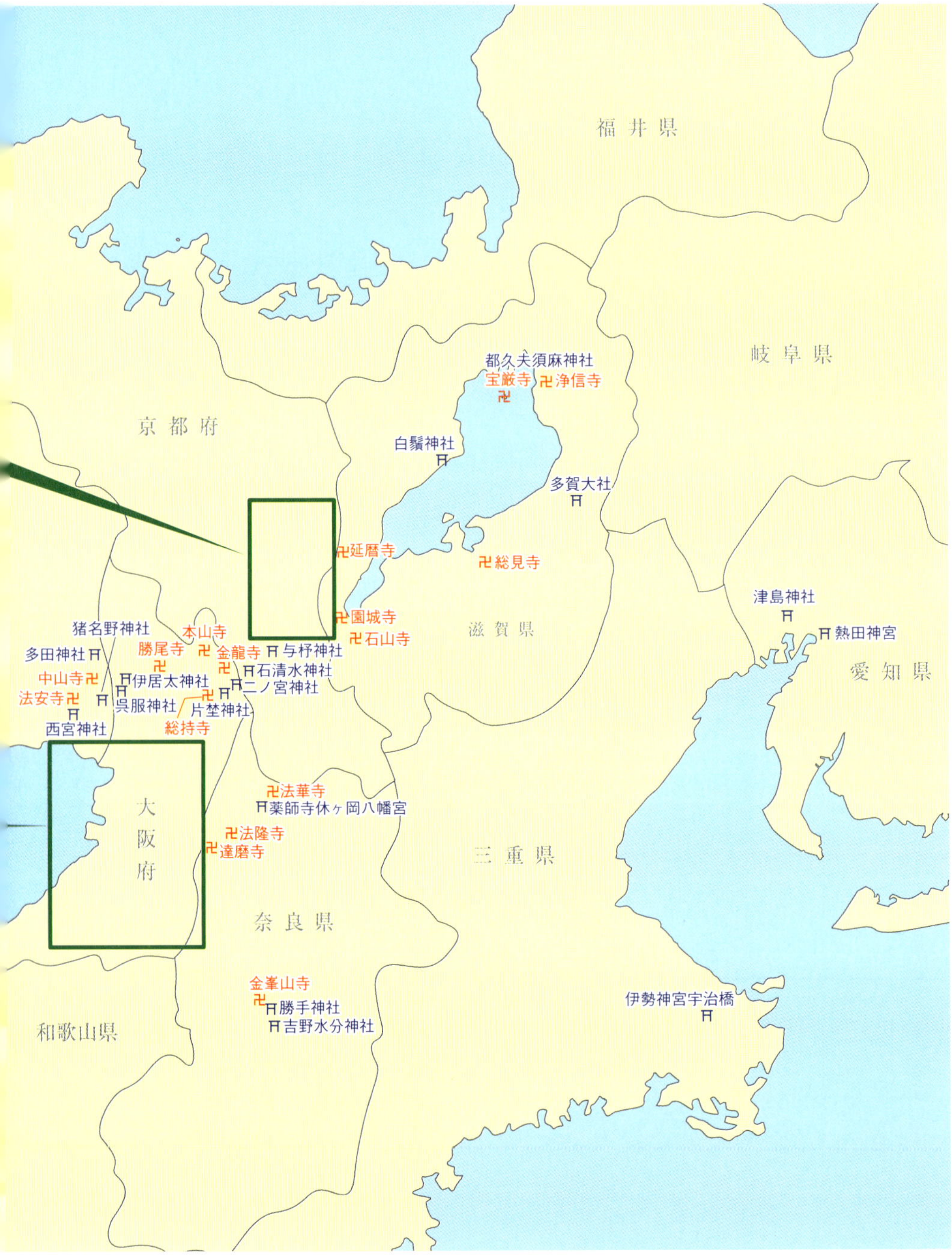

福井県
岐阜県
京都府
都久夫須麻神社
宝厳寺
浄信寺
白鬚神社
多賀大社
延暦寺
総見寺
津島神社
熱田神宮
愛知県
滋賀県
猪名野神社
本山寺
勝尾寺
金龍寺
与杼神社
園城寺
石山寺
多田神社
石清水神社
中山寺
伊居太神社
二ノ宮神社
法安寺
呉服神社
片埜神社
西宮神社
総持寺
法華寺
薬師寺休ヶ岡八幡宮
大阪府
法隆寺
達磨寺
三重県
奈良県
金峯山寺
勝手神社
吉野水分神社
伊勢神宮宇治橋
和歌山県

市立長浜城歴史博物館企画展示№６『片桐且元―且元と湖北における社寺復興―』をもとに作成（一部改変）

片桐且元の先祖と父・直貞

太田　浩司

長浜市須賀谷町の片桐且元屋敷跡周辺

高月村の片桐氏

片桐且元の先祖は、一般的には浅井郡須賀谷村（長浜市須賀谷町）の地侍と考えられている。これは、後述する江戸時代の地誌『淡海木間攫《おうみこまざらえ》』や、浅井地区の伝承によるものである。しかし、長浜市高月町高月（江戸時代の伊香郡高月村）では、片桐氏は信濃国伊那郡片桐村（長野県上伊那郡中川村）の出自で、「貞泰」が当主の時代に近江国伊香郡高月村に移住し、第八代将軍の足利義政や、第九代将軍の足利義尚《よしひさ》に仕えたと伝えている。また、現在も高月の圓通寺跡に残る「片桐塚」（八頁参照）は、この高月時代の片桐氏の墓とされ、昭和五十年（一九七五）までは、傍らに欅の巨木も存在したという。これらは、片桐善太郎原述・長谷川松治郎修補『高月沿革誌原稿』（明治三十三年（一九〇〇））や、滋賀県伊香郡教育会『滋賀県伊香郡誌』（明治三十六年（一九〇三））に記された事項である。

一方、江戸幕府が編纂した大名・旗本の系譜集『寛政重修諸家譜』（以下は『諸家譜』と略す）は、片桐家の先祖を「為基」から記すが、その八代後の「為頼」の時、初めて近江国へ来往したと記すので、それ以後において近江に土着したと考えられる。しかし、先に見た「貞泰」の名はそこになく、高月での伝承と微妙に食い違う。信濃国→近江国伊香郡高月村とする片桐家の移住は、江戸時代以前の史料では確認できないというのが現状だろう。

『寛政譜』では、近江に入った「為頼」以後の片桐氏の当主として、「為真」・「直重」を記し、且元の父「直貞」に至る。直貞の項には「孫右衛門」・「肥後守」と、その通称名と官途を付し、略歴では「浅井備前守長政につかふ」と記述する。

父・直貞の小谷籠城

且元の父・孫右衛門直貞が浅井長政に仕

えたという事実は、本書でも写真が紹介されている浅井長政書状（石川武美記念図書館〈旧お茶の水図書館〉蔵、八頁参照）によって確認できる。これは、浅井長政がその死の一日前に当たる元亀四年（一五七三）八月二十九日に、片桐直貞に宛てた感状である。内容を意訳してみよう。「今度の小谷籠城は、味方の劣勢によりとうとう本丸を残すのみとなった。直貞の一途な忠誠による籠城、他人とは比較できないほどの潔い覚悟、本当に感謝している。特に、多くの味方が城を捨てたにも関わらず、あくまで籠城を続ける姿は、誠に言葉にすることが出来ない程ありがたい。」

この感状の存在によって、且元の父・直貞が小谷城に籠城したこと。そして、長政自害の前日まで、主人の側に詰めていたことが判明する。さらに、『寛政譜』は、直貞の没年を天正十九年（一五九一）十一月十七日とし、享年七十と記しているので、長政切腹の後は小谷城を退出し、余生を二十年程過ごした後、小田原の陣の翌年に没したことがわかる。ところで、小谷落城の時、且元は十六歳で元服は済ませていたが、果たしてどこにいたのだろうか。父に従って小谷城に籠城していたか、それとも自らの本貫で城館を固めていたか。『寛政譜』の記述は賤ヶ岳合戦から始まるので、この疑問には答えてはくれないが、父の小谷城での働きを見聞した経験は、秀頼家老としての且元の人生を大きく左右したと考えられる。

須賀谷村の片桐氏

さて、片桐家の本貫の地であるが、『淡海木間攫』によれば、先述のように須賀谷村（原文では「巣ヶ谷村」）であったという。同書には、

> 往古ヨリ片桐氏居セリ、浅井家士片桐孫右ヱ門ト云人、此谷ニ鷹ノ巣ヲ懸ル岩アル故、苗字ヲ巣ケ谷ト改シ由、此人片桐市正カ親ナリト云、今猶片桐の末葉此村ニ住ス、即村役人庄屋作左ヱ門是ナリ

とある。ここに見える且元の父・直貞が、その苗字を「巣ケ谷」に改称した事実は確認できないが、同村には今も小谷城から崖を下りる途中に「絶景の岩場」と呼ばれる岩の露出地があり、その一部が「鷹ノ巣ヲ懸ル岩」だったと推定できる。同書は続けて、須賀谷には「観世音」と「神明宮」とがあり、前者は浅井三代の守り本尊で小谷落城に際して、当村に移したものと記している。なお、冒頭で紹介した高月の伝承においても、片桐氏は後に「巣ケ谷村」に移住したと言われている。

現在も須賀谷集落の最奥、桐の木の下には、片桐孫右衛門直貞の墓があり、そこからやや下って東側に観音堂跡と神明宮が並ぶ。前者の本尊・観音像は、先の『淡海木間攫』に登場する「観世音」とみられるが、地元では小谷城にあったが、且元が長政の命を受けて持ち帰り、この地に祀《まつ》ったと伝える。神明宮は浅井久政が天文十七年（一五四八）に建立したものと地元では伝える。道の西側には且元屋敷跡と伝承される場所もある。ただ、且元二十八歳にして起きた賤ヶ岳合戦（七本槍の活躍）に至るまで、彼の近江での動向を知る史料は残されていない。

片桐且元関連年表

西暦	元号	年齢	事績	主な出来事
一五三三	天文二			
一五四七	天文十六			
一五五六	弘治二	一	近江国浅井郡に誕生する	
一五六八	永禄十一	十三		一月～三月　お市、浅井長政に嫁ぐ
一五六九	永禄十二			近江国の小谷城で茶々（淀殿）誕生する
一五七〇	元亀元	十五		四月　織田信長、若狭から越前へ、朝倉義景攻めへ 織田信長、金ヶ崎攻略、浅井長政は信長と敵対へ 六月二十八日　浅井長政、織田信長と姉川にて戦い、敗れる 九月～十二月　志賀の陣（浅井・朝倉氏、比叡山上まで南下し信長と戦う）
一五七一	元亀二	十六		二月二十四日　佐和山城開城 五月六日　木下秀吉らの軍、鎌刃城を救援し、浅井軍・一向一揆の軍を下坂のさいかち浜で殲滅させる 八月　織田信長、小谷城を攻め、木之本・余呉を焼く
一五七二	元亀三	十七		一月二日　織田信長、姉川と朝妻の間の往還を封鎖する 三月　織田信長、小谷城を攻め、木之本・余呉を焼く 七月二十三日　織田信長、越前国境から木之本を攻撃　翌日には草野谷・大吉寺・竹生島を攻撃する 八月　織田信長、虎御前山に本陣を置く
一五七三	天正元	十八	八月二十九日　父直貞、浅井長政より感状を与えられる	八月二十日　朝倉義景（四十一歳）、一乗谷から大野に逃れ自刃する（朝倉氏の滅亡） 八月末　織田信長、小谷城に総攻撃をかける 九月一日　前日の久政（四十九歳）に続き、長政（二十九歳）が小谷城で自刃する（浅井氏の滅亡）。茶々は、お市や妹達（初・江）とともに信長の弟信包（伊勢上野城主）に預けられる 十月十七日　長政の嫡男万福丸、関ヶ原において磔殺される（十歳）
一五七四	天正二	十九	この頃、秀吉に仕える	浅井長政の遺領を与えられた羽柴秀吉、小谷城から今浜に城を移し、長浜城と命名する
一五七七	天正五	二十二		十月二十三日　羽柴秀吉、中国攻めに向かう
一五八〇	天正八	二十五		十一月十七日　柴田勝家、加賀一向一揆を鎮圧する

一五八二	天正十	二十七		六月二日　織田信長、本能寺で明智光秀の謀反によって殺される（四十九歳） 六月十三日　羽柴秀吉、明智光秀を山崎の戦いで破る 六月二十七日　柴田勝家、丹羽長秀、羽柴秀吉ら清洲城に会し、織田家の相続、遺領分配について相談する（清洲会議） 信長の三男信孝の斡旋により、お市が柴田勝家と再婚する
一五八三	天正十一	二十八	六月五日　秀吉から三千石を宛行われる（賤ヶ岳七本槍の一人）	四月二十一日　柴田勝家と羽柴秀吉、近江賤ヶ岳に戦い、柴田軍敗走する。お市は勝家とともに自害。三姉妹は城外に出され羽柴秀吉に保護される 九月一日　羽柴秀吉、大坂城の築城をはじめる
一五八四	天正十二	二十九	小牧・長久手合戦に出陣する	三月十三日　徳川家康、兵を率いて清州城に入り、織田信雄軍と合流（小牧・長久手合戦のはじまり）
一五八五	天正十三	三十	七月一日「従五位下東市正（ひがしいちのかみ）」となる	七月十一日　羽柴秀吉、関白となり、豊臣姓を与えられる
一五八六	天正十四	三十一	八月六日　播磨の村落間での争いを裁定する 十月六日　播磨明石の海賊に対し、小出秀政とともに、九州の陣のための水主召集を命ず	
一五八七	天正十五	三十二	三月二十九日　道作奉行として秀吉軍に従軍する 九月二十一日　播磨清水寺と村落との境界紛争を裁定する この頃から「直盛」とも名乗る	五月八日　薩摩の島津義久、剃髪して秀吉に降伏する。秀吉の九州平定成る
一五八八	天正十六	三十三		この頃、茶々は秀吉の妻となる（二十歳）
一五八九	天正十七	三十四		一月　豊臣秀吉、弟秀長に命じ、淀城の普請にかからせる 三月　淀城完成。茶々は「淀殿」と呼ばれる 五月二十七日　淀城で男子を出産。棄（鶴松）と命名される 十二月　亡父浅井長政十七回忌、亡母お市の方七回忌の追善供養を行う
一五九〇	天正十八	三十五	五月十五日　箱根の村々に定書を出す 七月十一日　家康家臣や脇坂安治とともに小田原城を接収する 七月十七日　早川長政とともに鶴岡八幡宮修理のため、武蔵・相模両国の村々に対し、材料や人足の徴発を命ずる 十一月　早川長政とともに、越後の検地を行う	三月一日　秀吉、小田原攻めに出陣

一五九一	天正十九	三十六	五月頃　増田長盛・山中長俊らとともに、鶴岡八幡宮の造営計画を行う 十月十日　早川長政とともに、高野山の太閤検地を行う	八月五日　鶴松が病死（三歳） 十二月二十八日　秀吉、甥の秀次に関白職を譲る
一五九二	文禄元	三十七	四月初旬　秀吉軍の先発隊として山陽道を行軍する 四月七日　秀吉から船の調達を命じられる 四月八日　全軍の九州上陸計画を秀吉へ報告する 四月十九日　秀吉から再度船の調達を命じられる 四月二十五日　この頃、肥前名護屋に着陣する 十月頃　釜山周辺に在陣し、晋州城攻撃に向かう 十一月上旬　晋州城攻撃に失敗し、昌原城に在陣する	三月十六日　秀吉、淀殿をともなって肥前名護屋城に向け出陣する
一五九三	文禄二	三十八	二月二十八日　秀吉から再び、晋州城攻撃を指示される 五月七日　且元ら朝鮮在陣の諸大名、釜山に集結する 五月二十日　秀吉から晋州城攻略の軍備配置を指示される 閏九月～十月　石田三成・増田長盛・浅野長政らとともに朝鮮から帰国する	三月十日　秀吉、晋州城を攻撃する在陣大名の配置を発表する（第一次朝鮮出兵の開始） 八月三日　淀殿は大坂城二の丸で二人目の男子を出産。拾（秀頼）と命名される
一五九四	文禄三	三十九	九月～十二月　畿内やその周辺地域の検地を行う	五月　淀殿は亡父長政供養のため、京都に養源院を建立する
一五九五	文禄四	四十	八月十七日　五八〇〇石を加増、摂津茨木城主となる	七月十五日　豊臣秀次が高野山で切腹する
一五九六	慶長元	四十一	十二月六日　佐々正孝に秋田・浅利両氏の取調べを依頼する	二月二十七日　秀吉、諸大名に伏見向島の築城を命ず 閏七月十三日　畿内で大地震が起き、伏見城の一部破壊する 七月十四日　新たに伏見城を木幡山に築城する 十一月十五日　秀吉、キリスト教徒二十六名を長崎で処刑する
一五九七	慶長二	四十二	八月頃　浅利頼平を上洛させる 九月三日　浅利頼平に、秋田氏との紛争（浅利事件）での被害状況を長束正家へ提出させる	二月　第二次朝鮮出兵（慶長の役） 七月十五日　日本水軍、朝鮮水軍を巨済島で撃破する 八月十五日　宇喜多秀家らの日本軍、全羅道南原城を陥落する 九月十五日　李舜臣率いる朝鮮水軍、日本水軍を全羅道鳴梁で撃破する（鳴梁の海戦）

一五九八	慶長三	四十三	三月十五日　醍醐寺での花見宴に参加する 八月十四日　大坂城番の部署が定まり、大坂城に詰める	一月四日　毛利秀元らの救援隊、明・朝鮮軍を撤退させる 八月十八日　秀吉、伏見城で没す（六十二歳） 十一月二十日頃　日本軍撤退完了する
一五九九	慶長四	四十四	閏三月二十六日　家康に、豊臣蔵入地の収支を報告する 四月二日　家康に、豊臣蔵入地の管理と浅利事件の経過を報告する	閏三月十三日　家康、伏見城に移って政務をとる
一六〇〇	慶長五	四十五	九月四日　増田長盛らとともに、家臣を送り大津城を包囲する	九月十五日　関ヶ原合戦。大津城を守っていた京極高次は開城し、そのあと高野山にのぼり、蟄居する 十月一日　家康、石田三成らを京都で処刑する 十月　京極高次は、家康から若狭八万五〇〇〇石を与えられ、後瀬山城に入る（のちに小浜城に移る）
			十二月十七日　豊臣蔵入地分摂津湯山の代官である善福寺などに年貢領収を与える	
一六〇一	慶長六	四十六	一月二十八日　家康から大和平群郡などの地を加増される 二月三日　秀頼の傅役（もりやく）から家老となる 四月十八日　秀頼を代行して豊国祭に参加する	
一六〇二	慶長七	四十七	九月　近江における一国規模の検地奉行の一人となる	
一六〇三	慶長八	四十八	八月十八日　秀頼を代行して豊国祭に関与する	二月十二日　家康、伏見城で征夷大将軍に任命される 七月二十八日　家康の孫娘千姫（七歳）、大坂の秀頼へ入輿する
一六〇四	慶長九	四十九	八月十八日　総奉行として豊国祭の臨時大祭を主催する	
一六〇五	慶長十	五十	一月五日　秀頼を代行して豊国神社を参拝する 八月十八日　秀頼の代行として豊国祭に参加する 十月　小豆島の絵図を完成。検地を行う	四月十六日　徳川秀忠、二代将軍となる
一六〇六	慶長十一	五十一	六月二十四日　醍醐寺の再興工事を開始する 七月二十九日　河内山田村の百姓と叡福寺の山論を裁定する 八月十三日　慶長九年の「臨時大祭屏風絵」を豊国神社へ奉納する	

一六〇七	慶長十二	五十二	九月十四日　駿府に下向するため、大坂から伏見へ赴く 十二月十三日　北野天満宮造営の遷宮式に秀頼名代として参加する	家康　駿府城に移る
一六〇八	慶長十三	五十三	一月二十三日　秀頼を代行して朝廷に参内する	
一六〇九	慶長十四	五十四	一月二十五日　秀頼名代として清洲城へ赴く	
一六一〇	慶長十五	五十五	六月十二日　大工頭の中井正清らとともに、方広寺大仏殿の地鎮祭を主催する 七月十九日　方広寺大仏殿の工事を視察するため上洛する 八月十八日　秀吉十三回忌となる豊国祭の臨時大祭礼を主催する	
一六一一	慶長十六	五十六	三月二十八日　秀頼とともに二条城に家康を訪ねる	三月二十日　家康　秀頼の上洛を求める
一六一二	慶長十七	五十七	八月十五日　大坂から駿府へ下向して家康に謁す。その後江戸へ下り秀忠に謁する	
一六一四	慶長十九	五十九	三月十五日　方広寺大仏殿の鐘を鋳るため、全国各地から鋳物師を召集する 八月十三日　方広寺鐘銘事件の弁解のため駿府へ下向する 九月二十三日　秀頼から登城を命じられるが、大野治長らによる城内での暗殺計画を知り登城を控える 十月一日　一族とともに居城の茨木城へ入る 十月二十三日　大坂方の状況を家康に報告する 十月二十五日　藤堂高虎らとともに、大坂城攻囲の先鋒を命じられる 十二月十六日　大坂城の天守閣・千畳敷を砲撃する	四月　方広寺大仏殿の鐘が完成し、報告のため駿府へ下向する 七月二十一日　家康　方広寺の鐘銘に「関東不吉の語がある」という 十月一日　家康　大坂方の武力討伐を決意する 十一月二十六日　今福・鴫野の戦いで、大坂冬の陣の幕が切って落とされる 十二月十九日　第二回和平交渉で和睦が成立 十二月二十二日　徳川方、秀頼・淀殿から誓書を徴す（大坂冬の陣終了） 十二月二十三日　徳川方、大坂城惣構の堀の埋め戻しにかかる
一六一五	元和元	六十	一月十一日　茨木城を退去し、法隆寺に逼塞する 五月二十八日　京都で病死する（六十歳） 六月四日　京都大徳寺で葬儀が開催される	四月七日　家康、西国の諸大名に大坂城出陣を命ずる 五月六日　豊臣方と徳川方が道明寺および若江で戦う（大坂夏の陣） 五月八日　大坂城落城。淀殿・秀頼母子、山里曲輪糒庫（ほしいぐら）にて自刃（淀殿四十七歳・秀頼二十三歳）
一六一六	元和二			四月十七日　家康、駿府城で没す（七十五歳）
一六二一	元和七			この年、淀殿の妹・江が養源院を再興する

『片桐且元　―豊臣家の命運を背負った武将―』

展示資料目録

＊法量の単位は、すべてセンチメートルである。
＊番号の上の記号は、以下の内容を示す。
◉…国宝　◎…重要文化財
○…重要美術品　□…県指定文化財
△…市指定文化財　Ⓡ…複製資料（レプリカ）

1　片桐且元像　一幅
寛永四年（一六二七）
奈良県　慈光院蔵
紙本著色
七六・一×三八・二

Ⓡ2　片桐且元像　一幅
慶長二十年（一六一五）
（原本）京都府　大徳寺　玉林院蔵
絹本著色
九四・〇×四〇・八

○3　豊臣秀吉像　一幅
安土桃山時代
大阪府　豊國神社蔵
絹本著色
九三・五×四四・五

4　豊臣秀吉像　一幅
安土桃山時代
山口県　吉川史料館蔵
絹本著色

5　豊臣秀吉像　一幅
慶長十年（一六〇五）
犬上郡多賀町　多賀大社蔵
絹本著色
一〇三・二×五五・四

6　小谷城出土資料　十二点
室町時代（後期）
滋賀県　長浜市教育委員会保管
①九・一×二・〇　②九・四×二・一
③九・四×一・六　④九・五×一・九
⑤七・六×一・五　⑥七・九×一・三
⑦八・五×一・五　⑧八・二×一・五
⑨八・七×一・五　⑩八・一×一・六
⑪八・一×一・七　⑫七・〇×一・八

7　大身槍（平三角槍）銘助光　一本
室町時代（後期）
本館蔵（松平千鶴氏寄贈）
身長一〇一・六　茎長五三・四

一四四・八×六一・五

8　賤ヶ岳合戦図屏風　六曲一双
江戸時代
長野県　佐久市教育委員会蔵
紙本金地著色
右隻一五六・二×三五七・五
左隻一五六・五×三五七・二

9　浅井長政像　一幅
江戸時代（中期）
近江八幡市　滋賀県立安土城考古博物館蔵
紙本著色
一一八・六×四一・七

10　浅井長政夫人像　一幅
江戸時代（中期）
近江八幡市　滋賀県立安土城考古博物館蔵
紙本著色
一二九・六×四一・二

11　柴田勝家書状　毛利輝元宛　一幅
天正十一年（一五八三）四月六日付
山口県　岩国美術館蔵
一一・一×四三・八

12　足利義昭御内書　毛利輝元宛　一幅
天正十一年（一五八三）四月六日付
山口県　岩国美術館蔵
四四・八×六五・五

13 茨木遺跡出土資料 十点
安土桃山時代
大阪府 茨木市立文化財資料館蔵
①明かり障子 一七九・〇×九七・〇
②おさ欄間一四〇・〇×三七・二
③唐津焼六・五×三・〇
④軒丸瓦（十五・〇）×一四・二
⑤軒丸瓦（十・七）×一三・四
⑥軒丸瓦（三・七）×（一五・九）
⑦軒平瓦（九・四）×（一三・四）
⑧軒平瓦（六・八）×（二〇・五）
⑨丸瓦二七・六×十五・〇
⑩丸瓦二三・五×一二・六
（ ）は残存長

14 絵本太閤記 七編八十四巻のうち
竹内確斎著、岡田玉山画
寛政九年（一七九六）～享和二年（一八〇二）刊
本館蔵
各二二・四×一五・一

15 人物花鳥図屏風 六曲一双
海北友松画
江戸時代（前期）
滋賀県 大津市歴史博物館蔵
各扇一〇八・四×五四・三

16 羽柴秀吉書状 石川数正宛 一通
（天正十年（一五八二））十一月一日付
長野県 真田宝物館蔵

17 京町年寄等連署状 石田奉行宛 一通
文禄四年（一五九五）九月三十日付
長野県 真田宝物館蔵
二八・三×四二・二
十一・三×九三・三

18 近衛信尹書状 片市正宛 一幅
（慶長三年（一五九八））五月二日付
大阪府 大阪城天守閣蔵
一六・七×七九・二

19 板倉勝重書状 清右宛 一幅
（慶長十六年（一六一一）前後）正月二十一日付
大阪府 大阪城天守閣蔵
三五・六×五三・九

□20 慶長十年摂津国絵図 一幅
慶長十年（一六〇五）
兵庫県 西宮市立郷土資料館蔵
二二九・〇×二四九・〇

21 片桐且元書状 川路五兵衛宛 一幅
慶長六年（一六〇一）十一月十一日付
本館蔵
三五・二×四九・七

22 徳川家康像 一幅
江戸時代（前期）
京都府 京都大学総合博物館蔵

23 伝徳川家康像 一幅
江戸時代（前期）
京都府 京都大学総合博物館蔵
絹本著色
六四・一×六三・三
絹本著色
八二・九×四一・三

24 徳川家康像 一幅
嘉永元年（一八四八）
長野県 真田宝物館蔵
絹本著色
八〇・四×四〇・六

25 備口人数 一通
慶長五年（一六〇〇）
長野県 真田宝物館蔵
一六・二×二一六・一

26 徳川家康書状 真田信幸宛 一通
（慶長五年（一六〇〇））九月朔日付
長野県 真田宝物館蔵
三六・八×五四・五

◎27 雨森和泉守書状 国造北嶋広隆宛 一通
慶長十二年（一六〇七）
島根県 北島建孝氏蔵
三〇・二×四八・五

◎28 国造北嶋広孝請書　片桐且元宛　一通
慶長十四年（一六〇九）
島根県　北島建孝氏蔵
三五・三×四六・八

◎29 片桐且元書状　国造北嶋広孝宛　一通
慶長十九年（一六一四）
島根県　北島建孝氏蔵
三三・七×四九・六

30 鰐口　一口
慶長七年（一六〇二）
長浜市木之本町　浄信寺蔵
三三・〇

31 釣燈籠　一基
慶長六年（一六〇一）
長浜市木之本町　浄信寺蔵
八五・五

32 擬宝珠　一箇
慶長六年（一六〇一）
長浜市木之本町　浄信寺蔵
四一・〇

◎33 雨森長介書状　竹生島惣山宛　一通
慶長七年（一六〇二）頃
長浜市早崎町　竹生島宝厳寺蔵
三〇・六×三九・六

◉34 片桐且元建立棟札　一枚
慶長八年（一六〇三）
長浜市早崎町　竹生島宝厳寺蔵
一二五・六×二六・一

35 豊臣秀頼建立棟札　一枚
慶長七年（一六〇二）
長浜市早崎町　竹生島宝厳寺
九〇・六×一四・七

36 片桐且元書状　大音市左衛門宛　一通
（慶長六年（一六〇一））六月八日付
本館蔵（片桐圭三氏寄贈）
三〇・一×四三・八

37 片桐貞隆大仏普請人足割符郡つ村しん七郎・ひわの庄孫右衛門他一名宛　一幅
慶長拾四年（一六〇九）二月廿九日付
大阪府　大阪城天守閣蔵
一五・一×四六・五

◎38 方広寺大仏殿諸建物幷三十三間堂建地割図　一巻
江戸時代前期（慶長十年頃）
中井正知氏・中井正純氏蔵
大阪くらしの今昔館寄託
三五・七×五五六・四

◎39 片桐且元書状　中大和守宛　一通
江戸時代前期
五月二十五日付
中井正知氏・中井正純氏蔵
大阪くらしの今昔館寄託
三六・〇×五〇・五

◎40 片桐且元書状　中大和守宛　一通
江戸時代（前期）
十一月二十五日付
中井正知氏・中井正純氏蔵
大阪くらしの今昔館寄託
三四・八×四九・七

41 洛中洛外図屏風　六曲一双
伝・岩佐勝重画
江戸時代
石川県　金沢市立安江金箔工芸館蔵
紙本金地著色
右隻一五六・〇×三六二・二
左隻一五六・四×三六二・二

◉42 慶長本殿棟札　一枚
慶長十四年
島根県　出雲大社蔵
高一二四・五　幅二六・四
（上）・二六・二（下）　厚一・四

◎43 太刀　銘光忠　一口
鎌倉時代
島根県　出雲大社蔵
刃長　六九・三　反り　二・二

◎44 菊桐紋蒔絵糸巻太刀拵　一口
安土桃山時代
島根県　出雲大社蔵
総長　一〇三・三　柄長　二二・六
茎長　一四・八

45 三月会神事図屏風（流鏑馬・花女図）六曲一双
狩野安成画
江戸時代
島根県　出雲大社蔵
紙本金地著色
各一二七・二×三三一六・四

46 片桐且元書状　小堀政一宛　一通
（慶長十四年〈一六〇九〉）十月二日付
個人蔵
三四・八×五二・四

47 片桐且元書状　小堀政一宛　一通
（慶長十四年〈一六〇九〉）十一月三日付
個人蔵
三三・九×四九・三

◎48 慶長十九年甲寅冬　大坂絵図　一鋪
江戸時代
中井正知氏・中井正純氏蔵
大阪くらしの今昔館寄託
七七・八×一〇七・〇

◎49 片桐且元書状　中大和守宛　一通
（慶長十九年〈一六一四〉）十月八日付
中井正知氏・中井正純氏蔵
大阪くらしの今昔館寄託
三三・〇×四八・八

◎50 片桐貞隆書状　中井大和守宛　一通
（慶長十九年〈一六一四〉）十月八日付
中井正知氏・中井正純氏蔵
大阪くらしの今昔館寄託
三〇・六×四八・九

51 片桐且元自筆書状　大蔵卿宛　一幅
（慶長十九年〈一六一四〉）七月十五日付
大阪府　大阪城天守閣蔵
三五・二×五二・五

52 方広寺鐘銘刻印拓本屏風　四曲一隻
大阪府　大阪城天守閣蔵
一七四・〇×二八四・〇

△53 方広寺大仏鐘銘草稿本　一巻
桃山時代
京都府　京都市歴史資料館蔵
三一・七×二一四・三

54 片桐且元書状　徳勝院宛　一幅
（慶長十九年〈一六一四〉か）七月八日付
大阪府　大阪城天守閣蔵

Ⓡ55 大坂夏の陣図屏風　六曲一双
大阪府　大阪城天守閣蔵
一五〇・三×三六〇・七
三一・〇×四九・五

◎56 吉川広家自筆書状　吉川広正等宛一通
（慶長十九年〈一六一四〉）十一月二十八日
山口県　吉川史料館蔵
一七・七×三六一・四

57 片桐且元書状　朽木元綱宛　一幅
（慶長十五年〈一六一〇〉）五月二八日付
本館蔵
三一・七×四八・二

58 淀殿像　一幅
江戸時代
京都府　養源院蔵
絹本著色
一一三・四×六一・八

59 豊臣秀頼像　一幅
江戸時代
京都府　養源院蔵
紙本著色
七三・五×三八・〇

60　豊臣秀頼黒印状　真田信之宛　一通
安土桃山時代
長野県　真田宝物館蔵
四六・八×六六・〇

61　大坂陣高名帳　一帖
慶長二十年（一六一五）卯年五月付
長野県　真田宝物館蔵
一四・一×四一・六

62　細川忠興書状　最上家親宛　一通
（慶長十九年〈一六一四〉）十月二十六日付
長野県　真田宝物館蔵
十七・七×一八五・七

63　片桐直隆書状　大音市左衛門宛　一通
（元和元年〈一六一五〉）六月十七日
本館蔵（片桐圭三氏寄贈）
二九・九×四三・五

64　片桐貞隆書状　大音市左衛門宛　一通
（元和三年〈一六一七〉）七月二十一日
本館蔵（片桐圭三氏寄贈）
三一・七×四八・九

65　溜塗菱綴桶側胴具足　一領
江戸時代（前期）
大阪府　大阪城天守閣蔵
胴高三八・八

66　龍田陣屋遺跡出土資料　九点
江戸時代（前期）
奈良県　奈良県立橿原考古学研究所蔵
①天目茶碗（SE1埋土出土）（一〇・二）×（六・六五）
②中国染付碗（SE3埋土最下層出土）（一一・二）×五・五
③鈴（SE4出土）四・四×三・八五
④中国白磁碗（SE4出土）（一五・六）×（三・八）
⑤唐津焼（SE5出土）（一〇・八）×五・七
⑥唐津焼（SX13出土）（一一・〇）×七・三五
⑦瀬戸美濃天目茶碗（SX13出土）（一一・一）×六・八
⑧土師器皿（SX13出土）（一一・四）×一・八
⑨唐津皿（SX13出土）（一五・二）×三・六五

古文書・画像賛釈文

＊表題の上の数字は列品番号と一致する。
＊列品番号がないものは、頁数で図版と対照できるようにした。

1　片桐且元像

（裏書）
竜田御元祖
顕孝寺殿
　御束帯之御画像
右表具至後代及破壊補加之
裏書因無之当主被命記之
天明三癸卯仲春
　貞芳（花押）
　慈光院常住

（箱書）
　寛永四季五月二十八日
顕孝寺前東市正三英宗玄大祥定門遺像一軸入箱
　十三回忌也図画□□

Ⓡ2　片桐且元像

（讃）
前大徳月高岑叟宗印　印　印
　慶長二十乙卯仲夏念八日
競委芝菊満謝庭
悟桐名上継芳蠋
凛然意気是丹青
一握清風動如溟

11　柴田勝家書状　毛利輝元宛

急与申達候、去月四日以
一札申入候キ、定可為参着候、
最前如申、出勢之儀三月
廿日以前日限雖相究候、羽柴（秀吉）
至勢州相働候条、当方先
勢二月廿八日至江北打越、悉
令放火候、定可有其聞候、依之
羽柴勢州面引敷、当口へ取
向候間、則令出馬可討果存分
付而、人数相催候処、江北之内
路次通切所を請、新城三ヶ所
相拵人数入置、其外小一郎（羽柴秀長）・蜂須賀（家政）
已下残置、羽柴者江南ニ引
退身構躰にて在之儀候、既拙者
令出馬之条、見計彼用（要）害攻于
国中江打出、何とそ偽引出、以一
戦可討果候、然者此時候条、火急
有御出勢御行肝心候、於御
遅延者不可有其曲候、最前之
以手筈、四ヶ国之諸卒召具令
出馬之条、於手前ハ早速可属
存分事勿論候、先書ニも如申入、
此面本意ニ於申付者、即可令上
洛之間、其以後御出勢も不入儀候、
連々任申談旨、無相違相働候、
有御分別急可被進申
御動座事専一候、恐々謹言、
　卯月（天正十一年）六日　　勝家（花押）
毛利右馬頭（輝元）殿御宿所

12　足利義昭御内書　毛利輝元宛

度々如申越、柴田（勝家）先勢既
至江北取出条、上口手合儀
可指急事肝要、家孝（小林）・今村
遣之候、於油断者忽可為後悔、
併当家再興此時条、別馳
走頼入候、猶昭光（真木島）可申候也、
卯月（天正十一年）六日　（花押）（足利義昭）
　毛利右馬頭（輝元）とのへ

16　羽柴秀吉書状　石川数正宛

　尚以、遠路御飛脚
　畏入存候、上様御かたき
　討、國々堅申付、成安堵置候處
一年も不相立
か様ニ申事、悪心之輩
出來候て無用心ニ相聞
如何と御存急度申候、已上、
去十日御状、昨日晦日
酉刻令拝見候
一其以後無御心元存、先

(織田信雄)
勢既ニ三介殿被申付
候條、追々人数可相立と
存候處、成瀬藤八ニ先度
如申含候、誓紙之筈被
(勝家)　(織田信孝)
相違、柴田以所行、三七殿
被企御謀叛候條、此上者
(丹羽長秀)　(信輝)
惟五郎左衛門尉・池田勝三郎我等
(織田信雄)
申談、三介殿を御代ニ相立
馳走可申ニ大方相究候
爰元彌手堅申付、家康
可得御意と存候剋被
仰越候、満足仕候事
一五畿内人質不残召
置候事
一江州衆質物何も不残
相卜候事
一西國毛利彌別而無
等閑申合候事
一其表早御勝手ニ罷成候
儀、我等一人満足中々
不得申候、但諸事御分別
候て、家康御馬を濱松へ
於被納者、目出度可存候
其上随御意、諸事
御爲能様ニ馳走可申事
一我等儀者爰を以到分別
家康御誓帋申談候上者
何様ニも御意見次第
可仕候間、可有其御心得候
事
一其方従前々別而無御等閑
申承候間、拙者事ハ家康
御前儀、何様ニも任置申候
間、御油断有間敷候、其表
御手前ニ候處、御懇之御状
日來被懸御目候験と
存候、尚自是可得御意候
條、此由御物語被仰上
候て可給候、以飛脚申上候
定而可致参着候間、不能
巨細候、恐々謹言、
(天正十年ヵ)
十一月一日　秀吉(花押)
(数正)
石川伯耆守殿
御返報

17　京町年寄等連署状　石田奉行宛

(京都)
五條東之とういん萬寿寺前東がハ
今度十二人之御せいばい人の諸
(関　白)
道具并ニくハんは様之御てかけの
あつけ物当町ニ一切無御座候
(隠)
若穏置候者、重而御せいはい可
被成候、仍如件
文禄四年九月卅日　年寄(花押)
行事(花押)
(少脱ヵ)
石田治部輔様
御奉行
柏原彦衛門殿
井口清衛門殿

18　近衛信尹書状　片市正宛

三月已来依
不例、別而令
無音候、仍、天満
寺屋敷替共
有之処、栗東寺
事、其侭有之
由候て、使僧を
差越、我々迄之
礼にて候。誠に奇
特之用捨にて候。
遠国人之事
にて候へは、万事
憐愍候て可給候。
猶、近日従是
可申越候。かしく
五月二日(花押)
片市正殿

19　板倉勝重書状　清右宛

尚々、浅但馬殿へ米
参候を留候而めいわくのよし
被申候間、市正殿へ申候へハ如此候。□□へ
とゝけ
可申候間、御用に候ハヽ、御状御こし可被成候。
以上
大坂米之留之儀付而、市正殿
書状参候間、加判いたし進之候。
其地にて御判被成候て可
被下候。いつれもめいわくのよし
被申候間、扨々申入候。恐惶謹言
正月二十一日　勝重（花押）
板倉伊賀
勝重
清右様

21　片桐且元書状　川路五兵衛宛

已上
和州平群郡
菜畑村之内
弐百石之事
為知行分、先
令支配候、猶
奉公次第加増
可進上之候、謹言
慶長六
十一月十一日
片市正
且元（花押）
川路五兵衛とのへ

25　備口人数

伊勢口
一四万千五百人　（毛利輝元）安藝中納言殿
右之内壱万人息藤七郎殿ニ付置之、
右三万余ハ輝元自身被召連出馬、
一壱万八千人　秀家
一八千人　筑前中納言殿
一弐千百人　土佐侍従
一千人　大津宰相
一三千九百人　立花左近
一千人　久留米侍従
一五百人　筑紫主水
一九千八百人　龍造寺
一千弐百人　脇坂中務
一三百人　堀田安房守
一四百人　羽柴下総
城加番
一四百人　山崎右京
同
一三百七十人　蒔田権介
同
一三百九拾人　中居式部太輔
一千人　長束大蔵
以上、七万九千八百六拾人
美濃口
一六千七百人　石田治部少輔
一五千三百人　岐阜中納言殿
一手
一千四百人　羽柴右京
稲葉彦六
一五千人　羽柴兵庫頭
一弐千九百人　小西攝津守
一四千人　同与力四人
一四百人　稲葉甲斐守
以上弐万五千七百人
北國口
一千弐百人　大谷刑部少輔
一三千人　若狭少将
同宮内少輔
一五千人　丹波七頭之衆
一弐千五百人　但馬弐頭
一七百人　木下山城守
一八百人　播磨姫路衆
一弐千人　越前東江衆
一五百人　戸田武蔵
一五百人　福原右馬亮
一三百人　溝口彦三郎
一三百人　上田主水
一五百人　寺西下野
一五百人　奥山雅楽
一弐千五百人　小川土佐
同左馬亮
一千人　生駒雅楽
但主煩故家老之者共召連
一弐千人　蜂須賀阿波守

右同
一六千人　青木紀伊守
一八百人　青山修理
以上三万百人
勢田橋爪在番
一千廿人　太田飛騨守
同　美作守
一四百五人　垣見和泉守
一四百五人　熊谷内蔵丞
一六百人　秋月長門守
一六百人　相良左兵衛
一八百人　高橋右近
一八百人　伊藤豊後
一五百人　竹中伊豆守
一三百六十人　中河修理
一千五百人　木村弥一右衛門尉
一五百廿人
以上六千九百拾人
大坂御留守居
一七千五百人　御小性衆
一八千三百人　御馬廻
一五千九百人　御弓鉄砲衆
一六千七百人　前備後備
一壱万人　輝元人数
一千人　徳善院
一三千人　増田右衛門尉
此外七千人伊賀ニ在番
以上四万弐千四百人
都合拾八万四千九百七拾人

26　徳川家康書状　真田信幸宛

（折懸封紙ウハ書）
「　眞田伊豆守殿　」
（石田三成）（義弘）（宇喜多秀家）（行長）
急度申候、仍大柿治部
少輔・嶋津・備前中納言・
小西攝津守籠居候
即取巻可成水責
とて、早速令出馬候
（越後）
坂戸へ敵於相動者
無油斷加勢尤候、切々
飛脚を遣、被添力
事肝要候、恐々謹言
（慶長五年）
九月朔日　家康（花押）
真田伊豆守殿

◎27　雨森和泉守書状　国造北嶋広隆宛

尚以来廿五日辺ハ、可罷越之条、可得貴意
候、以上、
尊書忝拝見
仕候、然者大社
御棟上被成執
行、為御祝御樽
肴送被下候忝存候、拙子も
軈而其地可罷越候条、其節
可得貴意候、恐惶謹言、
（慶長十二年ヵ）
三月廿三日　雨森和泉守（花押）
（広孝）
国造北嶋様
貴報

◎28　国造北嶋広孝請書　片桐且元宛

正二位右大臣豊臣朝臣秀頼公、
大社被成御建立、遷宮為御劔、
光忠御太刀被成御社納候、為末
代宝物之間、無紛失旨宜存其
意候、仍如件、
慶長十四　暦三月廿八日
出雲国造北嶋広孝（花押）
（且元）
片桐市正殿

◎29　片桐且元書状　国造北嶋広孝宛

為五月御祈祷、
御巻数幷杉原
五拾帖被進之候、
披露申処、遠
路被成御祝着
趣、自我等能々相
心得可申進旨

御内意候、委曲
御使者へ令申候、恐々
謹言、

（異筆）
「慶長十九甲寅」
六月六日　　　　　　　片桐市正
　　　　　　　　　　　　且元（花押）
出雲
　（広孝）
　国造北嶋様
　　　　御報

30　鰐口

江州木本五社　慶長七年壬寅六月吉日　秀頼御
建立御奉行雨森長介

31　釣燈籠

（火袋透彫）
江州伊香郡
木本地蔵堂
長祈山浄真寺
秀頼御建立
慶長六　辛丑年　九月吉日敬白
（火袋柱線刻銘）
御奉行者片桐市正也

32　擬宝珠

江州　伊香郡
木本　地蔵堂
長祈山　浄信寺
秀頼公　御建立
御奉行　片桐且元
　　　　雨森長介
慶長六　辛丑暦
　　　　九月吉日
　　　　鋳大工
　　　　藤原朝臣
　　　　我孫子
　　　　五郎右衛門
　　　　末次

◎33　雨森長介書状　竹生島惣山宛

御大儀候。早々為
御禮、秀頼様江御
祈念之御札並
壹束一本、両種二荷
　　　（且元）
御進上候。則片桐市正殿
御ひろう共候。一段御
しやわせ（仕合）、御たから物
御おかみなされ候。然者□
所之きやうたうも
御たて可有由候。
片桐市正殿□□□の御
談合共御□□□取
恐惶謹言。
□月卅（八カ）日（慶長七年カ）　雨森長介
　　　　　　　　　　直（花押）
竹生嶋惣山

●34　片桐且元建立棟札

恭惟法華独王頂上龍宝神・最勝弁才天如意宝珠王者、「天地開闢之太始、稟受正躰、陰陽運化之最初、顕示霊情」、這箇、「已磬本覚真如之誠、沈身於衆生済度之願海、実理常寂法爾之性、馳心於群類利益之忍山、」而「以専慈悲、正垂哀愍、」嚮伝法聞稟質之始、「抱八苦以上貧苦、飽困聖躬、蒙七難饑然災難、為殞神命、」尚「深悲悪因之所犯、偏嘆兇孽之所成、」蓊地「立願行法、而候得如意宝珠、就福寿之宅、積功累徳、而尤掌修身印鎰、到富貴之源、」従此垂哀憐、「尚愍貧窶之人民、甚恤賎陋之衆輩、」仰冀慈蔭是、「無始無終之仏盧、而顕神躰、放開於大慈大喜大捨之毫光、難解難入之神霊、而到仏心、祝延於万福万徳万寿力歳之齢算、」嘗結好縁於日東、乗雲賀霞来、「遠譲此竹生嶋吟玩於江湖数千頃之烟景、复移彼蓬萊山、眺望於弱波三万里之風涛、」永雖棲止於這嶋、人世無知之矣、丁此時、天照皇太神夢託聖武天皇曰、江州湖上有一嶋、天女永棲之地也、蚤建立堂閣、以祭天女則可也、天皇感不思議之託、即使遣行基与臣都良香、草創一宇霊場、以降直依界官界福界快楽来敬之貴賎不辞千里之崎嶇、継踵到矣、雖然与塵往々経星霜、殿閣之梁柱摧朽傾斜於越、内大臣豊臣朝臣秀頼公、辱有再興之貴命、片桐東市正欽奉旃「届公慶不惜金銭、排官庫依運梁粟、」一嶋伽藍居諸不幾修営畢矣、因茲「青龍出賀、白蛇起歓、」這箇霊神、指曰酒津迦羅神、呼曰飯神迦羅神、能設酒飯、而賑調於七道之民竈、名謂福宝光明女、号謂徳宝光明女、能施福徳、而霑潤於四海之人民、」加旃「持弓箭兮、降天外之魔障、則擅増寿之利生、淬鉾剣兮、退海内之完讎、則綷勝軍之化道、故「激仁波於宸海、或変八大龍王、而従七千夜叉、揚徳輝於垓達、或現三光天子、而用十五童子、」自今已後　日東莫令成急難之告、□西刎俾生虧缺之憂、件栄、従千々歳至万々季、田夫埜老歌堯舜、与穹壌等、處堅固城者也、　慶長八季癸六月如意珠日　片桐東市
卯

（裏面）
大工権守
小工但馬守
奉行
雨森長介（花押）

35　豊臣秀頼建立棟札

秀頼公御建立　　御奉行片桐市正　　大野木［　　］　　雨森［　　］
大音市［（左衛門カ）　　］
西村清右衛門尉

慶長七壬年
寅
九月十九日

36　片桐且元書状　大音市左衛門宛

以上
態申遣候。木本
御作事之儀、仕
たしの事ニ、雨長介
被相越候間、其方
去年のことく、とも〱に
肝煎可被申候
木の本隙明候ハヾ
竹生嶋へも可被
越候。尚長介方具
可被申候。恐々謹言。
（慶長六年）六月八日　　（市正）市
且元（花押）
大音市左衛門殿

37　片桐貞隆大仏普請人足割符　郡つ村しん七郎・ひわの庄孫右衛門他一名宛

大仏御普請人足割
符之事
（戸）
一、八分ハ　　郡つ村
一、弐分ハ　　枇杷庄村
一、半人　　平尾村
〆壱人半也
右之人足明後日朔日ニ
［　　　］直ニ［　　］
可申候、但三十三間ノたつミ
すミニて主膳小屋所
相尋、安東平右衛門尉・山中
権右衛門尉ニ上候由可申理候也
慶長拾四年　主膳
二月廿九日　貞隆（花押）
（戸）
郡つ村ニて
しん七郎
ひわの庄ニて
孫右衛門
［（平尾村ことカ）　　］
□兵へ

◎38　方広寺大仏殿諸建物并三十三間堂建地割図

大佛殿　桁行四拾七間壹尺二分三里余　　弐百分一之図
但三十丈七尺　　但西
正面之図
一胴建高サ地覆上より飛貫下迄三丈壱尺
但四間五尺
一柱太サ五尺より五尺五寸迄
一腰貫セイ二尺地覆之間より一丈一寸
一胴□柱壱尺五寸
一貫内法高サ三丈一尺五寸

◎39　片桐且元書状　中大和守宛

猶々、御草臥可在之
処ニ早々御念入申段
御礼不得申候、やかて
罷登可申承候、以上
昨日京都御上之
由候而早々預御状
畏存候、我等気相
近日者得験気
申候条頓而罷上
駿府　御前之儀
又大仏御作事等
万可申承候、先日ハ
細々御状大慶不
得申候、旁以面御
礼可申候条書中不能
詳候、恐々謹言
五月二十五日　　片市正
且元（花押）
中大和守殿
貴報

◎40　片桐且元書状　中大和守宛

従　秀頼様為
御使津田監物被
差上候、今度大仏
御作事早速出来
存之、殊
大御所様へ其方
具御申上候故、御
機嫌之由近日能
聞召、不大形被成御
満足候、仍小袖五并
為御扶持方八木千俵
被進之候、委口上ニ
可被申入候、恐々謹言
十一月二十五日　　片市正
且元（花押）
中大和守殿

◉42　慶長本殿棟札

恭惟　南瞻部州大日本國雲州路神門郡　杵築大
明神者鎮護五畿七道捍衛四海九州禊□□□救様
帝都
一切群彙盪除兵□人國利益十方衆生就富福之源
處安樂之宅積功浩々累徳船々威神也故國人而□
不
拜詣者不可不泰瞻斗□□然則本社末社幾□星霜
依厳霜□露之難柱根摧朽觸饕風雹雨之厄梁棟
領斜矣有誰将又□一木之□□補絶半銭の求多歳
空□憂處忝
正二位右大臣豊臣朝臣秀頼公有□命謹堀尾帯刀
吉晴片桐東市正且元奉□於越修造之功居諸不幾
王成畢□
神□□□□殊勲則能退散城東城西の寇□能降伏
海内海外之魔障　　専保護　　片桐東市
正且元（花押）
聖壽可□□□争悠久者也　慶長十四年己酉年
春三月如意珠日　第□号　奉旃　堀尾
帯刀吉晴（花押）

46　片桐且元書状　小堀政一宛

尚々、聊御六ヶ敷儀にてハ
無之候条、御下代被仰付可
給候、彼出入之儀ハ清右殿と
致相談、可然様ニ相済可進之候、已上、
先度米清右殿（米津親勝）
貴殿迄如申入候、泉州
佐野村之事只今
明候て有之儀候間
是非共〳〵貴殿御
下代被仰付可給候
御斟酌者無余儀
存候へ共、御親父（小堀正次）以来
御等閑無之候、清右殿
貴殿取分向後申
談度心底ニ候之条
右之通ニ御座候、御下代ハ
深町殿（喜左衛門）成共、宮内殿
なり共可被仰付候、加様
之衆我等も能存候
併何れにても貴殿次

第ニ御申付可被成候
例年納所分も紛
無之儀候間、聊御六ケ
敷儀にてハ無御座候、委
清右可被仰候、恐惶謹言、

（片桐）
片市正
且元（花押）

（慶長十四年）
十月二日
（小堀政一）
小遠江様
人々御中

47　片桐且元書状　小堀政一宛

返々、如御書中此間
久々不申承、御床敷存候
必備中御下之時分
御立寄奉待候
以面上万々可申承候、以上、
従駿府（徳川家康）二三日以前ニ
御上候由候而、早々預
御状忝存候、先以
御所様御機嫌能
候て、廿六日富士山之
近辺御鷹野ニ被成
出御、自其江戸
御成候ハん歟と承候
此比ハ　御前之様子
不相聞候処ニ、慥
承候而大慶ニ存候
随而泉州御蔵
米御運上之事
貴殿御一分ニても
無之、惣並ニ触申候
貴殿御留守ニ候へハ
尚以下代衆御油断
無之様にと存申遣候
（値）（程合）
ねのほとらいハ皆々
立ね可在之候条
其段も御気遣有
間敷候、備中御越候
時分ハ、必可有御立寄候
以面相積儀可承候
恐々謹言、

（片桐）
片市正
且元（花押）

（慶長十四年）
十一月三日
（小堀政一）
小遠江守殿
御返報

◎49　片桐且元書状　中大和守宛

追而、中信州よりも御音信候
万此地にても可申談存候めつらしき候ハヽ、
御しらせ頼入申候、以上
此四日之御状、今八日晩ニ
参着被見申候、先度
罷上時分以面可申与存候へ共
我等煩申故不能其儀御
残多存候
一大坂不慮之仕合ニ付、種々御
理申上候へ共終御同心不参候
付而、摂州茨木迄此朔日ニ
立退申候、我等又候哉無調
法仕候間、御所様御機嫌
如何と　御諚相待申迄候
併此御書中ニも御懇ニ被仰
出由外聞実儀忝儀無
申斗候事
一宰相様なこや迄被成御出座旨
御知せ本望存候事
一大御所様十一日ニ御働座候
由、大慶共又ハ笑止共
我等可申様無之次第ニ候
一渡辺筑後其地被罷越
由我等ハ一切不存候間
沙汰之外存候事
一有楽御使大修理使ハ
曽而不存候間、何之道ニも
上様御諚次第と
我等心底相究在之
事ニ候、如此取紛之
内御懇書別而大慶
無申斗候、近日以面
御礼可申述候恐々謹言

片市正
且元（花押）
十月八日

中大和守殿
　御返報

◎50　片桐貞隆書状　中井大和守宛

以上
御懇書本望至候
仍今度大坂不慮之
儀出来候而、去朔日ニ
市正我等も先茨木へ
立退在之事候、於大坂
色々御理申上候へ共
御同心不参付而右之
仕合候、就其市正儀
大御所様御懇ニ被成
御諚候而外聞実儀
忝次第候、当四日ニ
右兵衛様　御出馬
大御所様来十一日ニ
御働座之由御知せ
畏存候、市正我等儀者
此上猶以　上意次第と
存斗候、委細之段者
市正かたより可申入候間
不能詳候、恐々謹言
片主膳正
十月八日　貞隆（花押）
中井大和守殿

　御返報

51　片桐且元自筆書状　大蔵卿宛

尚々御内証御懇切故
早速相澄申候、其趣
秀頼公へ委可申上候、先々
為御礼如此候、以上
昨日者成身院
早々京迄被下忝
存候、御室様開眼
之儀三日早天ニ被遊、
御退出候而後、御供
養ニ相究申候、委
様子成身院可被
申上候、夜通大坂
罷下ニ付、乍慮外
一書申上候、此等之趣
宣預御被露候、恐々
謹言
片桐市正
七月十五日　且元（花押）
大蔵卿殿

52　方広寺鐘銘刻印拓本屏風

方廣寺大鐘銘文
欽惟
豊國神君昔年掌普天之下位億兆之上外施仁政内
歸佛乗是故天正十六戊子夏之孟相攸於平安城東
創建大梵刹安立盧舎那大像矣蓋夫慕藺聖武帝南
京之大像歸顔頼朝公東大之再建者也雖然慶長七
年臘月初四不□羅欝攸之変已為烏有矣凡載髪含
歯之類無不歎惜焉粤
前征夷大将軍従一位右僕射源朝臣家康公謂
正二位右亟相豊臣朝臣秀頼公日舎那梵刹者
豊國之創建也不幸而有変不能無遺憾焉
右亟相何不継
先志乎
右亟相日盛哉此言憑茲丕發弘願輙命庁桐東市正
豊臣且元再建舎那寶殿始于慶長己酉王成于慶長
癸丒矣速畢其功者以
大樹之鈞命無
右亟相志願不浅也童子聚沙之戯猶功用不可測矧
又過長者布金之制乎其佛身也萬徳圓満之受用身
華嚴岌上之教主也臺上盧舎那葉上大釋迦葉中小
釋迦一華百億國一國一釋迦三重相開互爲主伴音
聲無邉色像無邉之相好不移寸歩可立而見矣寔変
忍界成報土者乎其寶殿也公輸削墨郢工運斤□峩
棟宇高秀青雲之上璀璨玉碣深徹黄泉之底千楹萬
柱崢嶸其内大梁小椽絡繹其上繍楣焜燿雕棋玲瓏
堦塀畳石鈴鋒鳴風壁門前聳玉廊四回訝都史夜摩
忽現下界怪遂島流洲己在人間人天鬼神所共腒禮
寔天下之壮視也緬懐菴没那爛陀大判甲干西域嘉
州阿逸多大像冠干東震亦風猶在卜加旃欲鋳梵鐘
以備晨昏金銀銅鐵鉛錫白蠟積如丘山火官冶工差
肩而雲集索□時奮鎔範己設萬鈞洪鐘一時新成矣
周禮所謂于皷鉦舞篃衡旋篆無一不備矣昔在佛世
梵王下鎔鑄祇桓金鐘拘留孫造石鐘諸佛出真亦不
多讓矣夫鐘者禅誦之起止斎粥之早晩送迎緩急之

節必鳴之以警象焉顕密禅法器之制莫先於鐘故建
寺安象必先置之摧折魑魅屈伏魔外三寶為之證明
諸天為之擁護□賓陀王剣輪頓空南唐李王縲械忽
脱雲門七篠徳山下堂其妙用不可勝計焉蒲牢一聲
上徹天宮下震地府雷皷霆撃普及微塵利士使人天
幽明異類耳根清浄以證明圓通三昧其旋不亦博乎
金索簨籚以掛著寶樓祝日仰冀
天子萬歳
台齢千秋

銘曰

洛陽東麓　舎那道場　聳室瓊殿　横虹畫梁
参差萬瓦　崔嵬長廊　玲瓏八面　焜燿十方
境象兜夜　刹甲支桑　新鐘高掛　爾(高)音于
(永)鍠
響應遠近　律中宮商　十八聲縵　百八聲忙
夜禪晝誦　夕燈晨香　上界聞竺　遠寺知湘
東迎素月　西送斜陽　王笥堀地　豊山降霜
告怪於漢　救苦於唐　霊異惟夥　功用無量
所用幾者　国家安康　四海施化　万歳傳芳
君臣豊樂　子孫殷昌　佛門柱礎　法社金湯
英檀之徳　山高水長

旹慶長十九甲寅歳孟夏十六日

大檀那　正二位右亟相豊臣朝臣秀頼公
奉行　片桐東市正豊臣且元
冶工　名護屋越前少掾藤
原三昌
前住東福後住南禅文英叟清韓謹書

54　片桐且元書状　徳勝院宛

尚々、今日御上候ハヽ、
舟成共馬なりとも
申付可進之候。則此
使ニ申可給候。又
京へ御上候ハヽ、
竹門様御供之侍衆
何□ニ五六十人可然由
申可給候。已上

昨夕者御出
緩々と申承本
望存候。今朝
秀頼様御同座
同心可申と存候へ共
半右衛門助右衛門迄之
御言伝承候。其上
殿様四ツ時分な
らてハ表へ出
御被成間敷候条
先々御上可然存候。
昨日早速御下
(奇)
寄特ニ被思召
趣付、我等想得
可申旨候。随而
此帷子三之内単一被
進之候。猶両人
可甲候。恐々謹言。

(慶長十九年)
七月八日　　片市正
且元(花押)
徳勝院
人々中

◎56　吉川広家自筆書状　吉川広正等宛

尚々、此方陣取又は役
儀相定候者、即可申下候、
大坂四方明所無之候、人之
うしろニ在之事候へく候哉、
外聞無念候

其後定而無御心元候はん間、一書申候、
一江口川せき之儀ニ付而、江
口より半道不と北きしべと
申所ニ在陣候、川せきは被
止候て當手之衆舟橋を被　仰付之由候、いつれ
とも
不相聞候間、従　公儀御諚者御待候てとの事に
候、
爰元者竹木ちかく候間、
其内切取候て河はたへ
出し置き、いつれの道ニも用
段調候様ニとの仕
置ニ候、菟角付城普請ニ御定
可有候ニ見え申候、
一大坂御城廻四方共惣人数取まもされ候て欠な、
両御所様住吉平野ニ御座候、
一御行之儀者、付城被　仰付候て、ゆるくと御
せめ可被成と、被　仰出之由候、川筋くへ船橋

かけ候て、自由ニ往返可有之様ニとの事ニ候通、
従市正殿
慥ニ被申越候間、此儀可為必定候、當時御行之
事は、市正ニ萬御談合候て被　仰付之由候間、
彼人より之被申やう可爲實儀候、
一當手之御人数も、定而付
城之可爲普請衆と各
推量ニ候、大坂四方之陣取悉明所無之候間、
責衆ニ被　仰付候ても、福備後殿、筑前衆、中
川内膳殿、嶋津殿、越中殿、當手之衆、其外ニ
九州衆陣取、明所無之分ニ候、
一今迄ニ着候人数三十万不と可有之様ニ取沙汰
候、
一御城中之事、今迄は堅
固ニ候、下々相そろはす候間、
やかて一姿可有之と、花助兵なと被申越候、
一兵糧之事、人数ニ相応候ては
甲斐く敷在之間敷之由、
委敷儀を存候ものは申候、
片主膳内すまう理斉と
申人、大坂倉入又は九月已来城へ被取入候兵糧
都合内々存知之人ニ候、此物語なとも右之通ニ
候、
一地下人下々は殊外御仕置なと有之様ニ口々ニ
申候へとも、是は一切無正儀取沙汰ニ候、
一関東之儀丈夫ニ被　仰付、
江戸ニは上総殿御留主居にて候、出羽奥州津軽
段なとも此五六日前ニ着陣候、大夫殿、筑前殿、
左馬殿は江戸ニ在住候、
一仕寄なとも被　仰付之由
候て、かね楯其外被成御用意候、是は御行之様
なるものと相聞え候辻は、付城ニ拵候而聞之申
候、
一宗瑞様は長門様以御着之上御下候へと被　仰
出候、
一兵糧追々上遣候儀肝要候、此表米うり禄殊外
よく候、次第ニあかり候て可行之由候間、
其心得肝要ニ候、
一関東衆へは従　公儀米被下
候へとも、下々殊外つまり候て聞え候、
一御城へ御拵之儀も有之様ニ
下々は取沙汰候、只今急度
可相調之様ニは不聞え候、とかく
落着は御拵ニ可相澄と、諸
人分別候て相聞え候、
一城中之事、頭分之牢人衆下々ニ又牢人を抱置
候、其
外ニ百姓なとも来年之いつ比
迄と約束候て、山越にて籠城
候間、こたへ候事は一圓在之間
敷之由候、先日西宮ニ一両日逗
留候、彼表へも小舟にて落人
十人計夜中ニ来候由申候、實儀は不知候、
一其表之儀萬堅固ニ申付可
然候、火用心一切由断有間敷候、
彼是用段九右衛門尉、兵介所より
可申下候間、其心得尤候、恐々
謹言、
（慶長十九年）
十一月二十八日　　廣家（花押）
又次郎殿
彦次郎殿
因幡
一庵
宗尤
但馬
宗右
安右
半右
豊前
宗甫
佐渡

57　片桐且元書状　朽木元綱宛

尚々江戸駿府
御前無残所御
懇にて、御家老衆
皆々御馳走にて候間、
可御心安候、以上、
為御見廻遠路
御懇書畏存候、
一、駿府十七日参着、
十八日御目みえ
申候処ニ、不大形御
懇にて、又御茶なと
致拝領候、先々江戸へ
参度由申上候て、廿四日ニ
江戸ニ参着仕、廿五日ニ
御礼申上候、是又

御機嫌能候て、御懇之
御事共候、廿六日ニ為
飯米八木三百俵
被下候、廿七日ニ御振
舞被下候間、冬迄
御暇之儀申候へ共、今少
致逗留候へとの御事
有之候、随分はやく
隙明候て上可申候、一日ニ
二三度宛茶湯
ふる舞にて御酒なと候て
迷惑申事可有御
推量候、
一、新庄父子非大形馳
走にて御入候、得物語候
儀も、佐久間大膳ニ申入
候へハ、大形同心参候間、其方
候て萬可申談候、
其故御事本佐州大相州へ
□、別御懇忝由御礼申上候、
又我々へも別而無等閑由申候へハ、
□御同心参申候、恐々謹言、
片市正
五月廿八日　且元（花押）
朽河内殿
返報

60　豊臣秀頼黒印状　真田信之宛

（折懸封紙ウハ書）
「　眞田伊豆守とのへ　」（且元）

為歳暮之祝儀
呉服二到来
遠路祝着候、尚
片桐市正可申候、
謹言
極月廿七日（豊臣秀頼）（朱印）
眞田伊豆守とのへ

61　大坂陣高名帳

（折懸包紙）
「慶長廿夘年五月
大坂御陣高名討死名面
右者御陣場二而記候帳之由申傳、」

高名帳
湯本三左衛門
堀田角兵衛
原　監　物
同　右　近
木村所左衛門
桑原市左衛門
安中作左衛門
岡田太郎兵衛
倉澤長九郎
新井拾兵衛
池田甚左衛門
加茂勘五郎
同　甚十郎
市場茂右衛門
柴田　刑部
佐々勘左衛門
長井善十郎
横関　作助
大田忠左衛門
山室彦兵衛
奥平　久助
原　長左衛門
同　監　物
矢野孫右衛門
大石　衛門
高野勘兵衛
中村　大字
関　三四郎
倉澤権之助
和田主藏助
松澤五左衛門
齋藤佐大夫
西澤角右衛門
倉澤長九郎
海野喜兵衛
中澤新太郎
田口久左衛門
主水内

金太夫
郷左内
正助
三五郎
春原勘助内
松崎茂助
茂左衛門
但馬内
瀬木根清助
上原　金平
中村茂右衛門
土佐守同心
原口善之丞
池田甚左衛門
市場久大夫
鎌原内
その助兵衛
打死之衆
祢津　主水
原　郷左衛門
羽田　雅樂
恩田　左京
有川　左内
横屋与惣右衛門
春原六左衛門
同　孫右衛門
石井　舎人
飯嶋市之丞
青木半左衛門
常田作兵衛

小泉佐左衛門
間嶋　六藏
横山少九郎
土井善右衛門
木村佐々右衛門
齋藤　三藏
鎌原半四郎
佐藤三九郎
宮原權九郎
同
柴田正右衛門
青木　善次
飯嶋　彦藏
六左衛門内
春原　神助
石原　小吉
塚原その右衛門
釼持　松志
小助
竹村　少助
吉澤吉右御門
大澤二郎右衛門者
善三
廣澤　吉藏
大田市右衛門
吉原又右衛門
千野次右衛門
横山善右衛門
近藤　善助
野倉甚五右衛門

神田　舎人
石澤拾兵衛
木針弥七郎
石倉　惣七
木積弥五助
宮崎　り助
常田作兵衛
金三内
小玉茂兵衛
山越半右衛門
柴田　刑部
林　加左衛門
大澤二郎右衛門
□田その右衛門
土肥弥右衛門
矢沢但馬内
上原　金平
苗木久五郎
瀬木弥源右衛門
斎藤　弥三
頸二つ
西入八右衛門
吉澤新右衛門
木村土佐内
小林淺右衛門
池田長門内
花岡　善次
海野喜兵衛内
手於い
鎌原伊右衛門

湯本三左衛門
依田彦太夫
堀田角兵衛
西□
鈴木九右衛門
丸山　佐助
清水与左衛門
七日之晩御陣とり
矢澤但馬守
木村土佐守
大熊はうき
鈴木　釆女
桑原市左衛門
下村作左衛門
堀田又兵衛
恩田　左門
鈴木五郎八
小玉九郎衛門
上原弥右衛門
岡の屋伊右衛門
加野理兵衛
神成作左衛門
成澤勘左衛門

62　細川忠興書状　最上家親宛

尚々、大坂も別ニ替儀
無之候、以上、
遠路御折紙、本望之至候
其元吉利支丹ころひ
申候由、近頃珍敷存候
一先度拙者罷歸砌、御状
口上ニ被仰聞候儀も具承候
近日被明御隙可□□□、
其剋是へ御立寄□□□
御目申承度存候事
一上方之様子被聞召度之由
（本多正純）
被仰越候、本上州へ遣申候者
昨日廿五日罷歸候
（徳川家康）
大御所様去十一日御出馬
十七日名古屋御着之由候
廿一二日之比者必伏見城□
被成御着候由ニ候事
一北國之御人數はや江州へ
（候事カ）
着仕申□□
一自駿河上五畿内之御人
數悉上着申由候事
（伊達）（上杉）（義宣）
一政宗・景勝・佐竹か様之衆者
（徳川秀忠）
公方様御出馬御供仕候様
觸被遣申候事
一此外別條無之候事
（豊前中津）
一我等者其儘可致在國之旨
はや兩度被仰出候間、とも
かくも御諚次第と存在之
儀候條、必々御上候者御立寄
□□□、恐々謹言、
（慶長十九年）
十月廿六日　羽越中
（細川）
忠興（花押）
（最上駿河守家親）
山駿州様
御返事

63　片桐貞隆書状　大音市左衛門宛

尚々其方何事も
無之由、目如何候哉。
能々養生肝要候。
以上。
高槻之もの共
罷上、其許可何事も
無候之由、大慶存候。
我等出雲（孝利）、江戸ニて
御屋敷被下、大形
作事ニ而罷上候。又
仕合無残所候。
伊吹もくさ、いつもの
ことく、御とらせ之由
令満足候。今俵
被相越、残分者
いつにても不苦候。
無失念、扨々令祝
着候。次こんきり

二百本進之候。
委此もの共可申候
恐々謹言。
（元和元年）六月十七日　主膳正
貞隆（花押）
大音市左衛門尉殿
御宿所

64　片桐貞隆書状　大音市左衛門宛

尚々いふきもくさ如例
年一御とらせ置候由、令
満足候。便宜之節、御上
候て可給候。不然ハ
此方□取被成
御遣一候。以上。
御状本望令存候。皆々
罷上、其元之様子
具承候。何も息災
之由、令満足候。此邊
別條無之、御重様
一段と御息災之事候。
出雲守（孝利）・我等・石見守（貞昌）
息災ニて。切々出仕申
致御目見一候。可御心安候
江戸よりも細々便宜
御座候。何も息災之由
申越候。御気遣在之
間敷候。扨亦其元
事之外日照之由候。
上方も其通候。乍去
出雲・我等知行分者
所々池水ニ而、作毛
よく在之事候。可
御心安一候。
御手前御煩（眼病）よく、、
御養生尤候。次干鯛十・
こんきり百本・氷餅二袋・
金子貳歩進之候。
書中之驗迄ニ候。
此地之様子皆々
可申候間
不能巨細候。
又おちよへハ言傳、慥
承候。無事之由、珍重候。
自是文ニて申候。
恐々謹言。
（元和三年）七月二十一日　（片桐）片主膳正
貞隆（花押）
大音市左衛門尉殿
御返報

参考文献

市立長浜城歴史博物館『企画展示№6　片桐且元』一九八四年
大阪城天守閣『生誕４００年記念特別展　豊臣秀頼展』一九九三年
大阪城天守閣『特別展　秀吉家臣団』二〇〇〇年
市立長浜城歴史博物館『神になった秀吉―秀吉人気の秘密を探る―』二〇〇四年
大阪城天守閣『特別展　秀吉お伽衆』二〇〇七年
和歌山市立博物館『荘園の景観と絵図』二〇一四年
兵庫県立歴史博物館『特別展　姫路城とその時代』一九八七年
大阪府立狭山池博物館『狭山池復活』二〇〇九年
大阪市立住まいのミュージアム『世界遺産をつくった大工棟梁中井大和守の仕事』二〇〇八年
島根県立古代出雲歴史博物館『平成の大遷宮　出雲大社展』二〇一三年
大津市歴史博物館『近江の巨匠―海北友松』一九九七年

東京大学史料編纂所『大日本古文書』家分け九ノ二　東京大学出版会　一九七〇年
『東浅井郡志』第四巻　一九七五年
『新訂寛政重修諸家譜』第六　続群書類従完成会　一九八〇年
米山一正『真田家文書』上巻　長野市　一九八一年
米山一正『真田家文書』下巻　長野市　一九八三年
高橋正彦編『大工頭中井家文書』慶應通信　一九八三年
『大阪狭山市史要』一九八八年
芥川龍男『成簣堂文庫　武家文書の研究と目録（上）』お茶の水図書館　一九八八年
杉本苑子・河合正朝『友松』（『水墨画の巨匠』第四巻）講談社　一九九四年
木村展子「豊臣秀頼の寺社造営について」『日本建築学会計画系論文集』第四九九号　一九九七年
曽根勇二『片桐且元』吉川弘文館　二〇〇一年
谷直樹『大工頭中井家建築指図集』思文閣出版　二〇〇三年
櫻井敏雄・多田準二『大阪府神社本殿遺構集成』法政大学出版局　一九八三年
長浜市長浜城歴史博物館編『戦国浅井戦記　歩いて知る浅井氏の興亡』サンライズ出版　二〇〇八年
京都市考古資料館『京都市考古資料館開館30周年記念　京都　秀吉の時代　～つちの中から～』二〇一〇年

大阪府教育委員会文化財保護課『大阪府の近世社寺建築』一九八七年
奈良県立橿原考古学研究所『奈良県文化財調査報告書第１４７集　龍田陣屋跡』二〇一一年
斑鳩町『斑鳩町　町並み―西里・龍田地区―調査報告』一九八五年
河野元昭「養源院宗達画考」『国華』第一一〇六号　一九八七年

山根有三「養源院蔵　浅井氏関係肖像画について」『大和文華』第九一六号　一九九六年
森岡榮一「片桐且元の北近江における社寺復興」『市立長浜城歴史博物館年報』第七号　一九九八年
李正夫「片桐且元と慶長の修理」『月刊文化財』一五一　一九七六年

お世話になった方々（敬称略、五十音順）

石川武美記念図書館
出雲教
出雲大社
岩国美術館
茨木市立文化財資料館
大阪市立美術館
大阪市立住まいのミュージアム　大阪くらしの今昔館
大阪城天守閣
大阪府立狭山池博物館
大津市歴史博物館
金沢市立安江金箔工芸館
吉川史料館
京都大学総合博物館
京都市歴史資料館
京極スタジオ
佐久市教育委員会
真田宝物館
滋賀県立安土城考古博物館
島根県立古代出雲歴史博物館
浄信寺
慈光院
多賀大社
竹生島宝厳寺
長浜市教育委員会 文化財保護センター
奈良県立橿原考古学研究所
西宮市立郷土資料館
豊國神社
松代文化施設等管理事務所
養源院

跡部　信
市川秀之
犬上　岳
卜部行弘
大矢　哲
岡　宏三
柏原伸二
亀谷直毅
北島建孝
京極　寛
北川　央
合田茂伸
重見　泰
清水邦彦
須藤好直
千家尊祐
曽根勇二
高木叙子
竹内光久
谷　直樹
土屋　信
中井正純
中井正知
二宮義信
原田史子
服部麻衣
俵谷和子
平田政彦
深田智恵子
福庭万里子
細川修平
三木治夫
宮本裕次
峰　覚雄
山田　徹
山中さゆり
吉田伸宏
吉水行玉

編集スタッフ
太田　浩司（長浜市長浜城歴史博物館　館長）
鐘居　和男（長浜市長浜城歴史博物館　副館長）
森岡　榮一（長浜市長浜城歴史博物館　副参事）
福井　智英（長浜市長浜城歴史博物館　主幹）
牛谷　好伸（長浜市長浜城歴史博物館　主査）
籔内　亜美（長浜市長浜城歴史博物館　主事）
田中　晶子（長浜市長浜城歴史博物館　学芸員）
大竹　悦子（長浜市長浜城歴史博物館　学芸員）
住　知亜紀（長浜市長浜城歴史博物館　事務員）
井上　麻衣（長浜市長浜城歴史博物館　事務員）
前澤　美華（長浜市長浜城歴史博物館　事務員）
弓削　恵子（長浜市長浜城歴史博物館　事務員）

制作スタッフ
岸田　詳子（サンライズ出版）
高野瀬普子（サンライズ出版）

片桐且元《かたぎりかつもと》
—豊臣家の命運を背負った武将—

発行日　平成二十七年七月十六日
企画・編集　長浜市長浜城歴史博物館
制作　サンライズ出版株式会社
発行　長浜市長浜城歴史博物館
〒五二六—〇〇六五
滋賀県長浜市公園町一〇番一〇号
電話　〇七四九（六三）四六一一
発売元　サンライズ出版
〒五二二—〇〇〇四
滋賀県彦根市鳥居本町六五五—一
電話　〇七四九（二二）〇六二七

ISBN978-4-88325-573-3 C0021